¡Sssssshhhhhhhhhh!

Haz del teatro algo íntimo

Llévalo siempre en el bolsillo

Cubierta y diseño editorial: Éride, Diseño Gráfico
Dirección editorial: ángel jiménez

Primera edición: diciembre, 2024

Cuatro «bolos» en Madrid
© José Cedena
© éride ediciones, 2024
Espronceda, 5
28003 Madrid

VdB®

ISBN: 978-84-198501-90-4
Depósito Legal: M-27909-2024
Diseño y preimpresión: Éride, Diseño Gráfico

Este libro protege el entorno

cuatro «bolos» en Madrid

José Cedena

Nace en Malpica del Tajo (Toledo), el 27 de junio de 1955. En esta localidad toledana, a la que profesa un cariño tal, que según manifiesta, no podría vivir en otro sitio que no fuera su pueblo, pasa toda su vida. Ni que decir tiene que allí sigue viviendo actualmente. Este arraigo que mantiene con su pueblo natal es fundamental en el transcurso de su obra, ya que el lenguaje coloquial que utiliza, así como muchos de los personajes de sus obras están totalmente identificados con estas tierras castellano-manchegas.

En 1996 funda su grupo de teatro «La Corropla», en el que actúa y dirige actualmente.

En el año 2005 irrumpe en el mundo de la dramaturgia, con tal fuerza que las primeras ediciones de todas sus obras difícilmente aguantan el primer año de vida. Autor prolífico donde los haya, ya ha publicado más de cuarenta libros, todos ellos con una acogida espectacular. Entre sus títulos caben destacar *Teatro del futuro para reír en el presente*, *Sainetazos a la crisis*, *Saineterapia*, *César a gusto*, *Sainetes diuréticos con vitaminas R,I,S,A*, o *Teatro de risa para jovencitos teatreros. Vol. I, II y III*.

JOSÉ CEDENA

cuatro «bolos» en Madrid

Esta obra se estrenó en la Casa de la Cultura de Malpica de Tajo, Toledo,
el 7 de diciembre de 2024, interpretada por
Gabino del Mazo (CASTO, GENIO, FEDE Y JUAN DE DIOS),
Gustavo Villasevil (TERESO), Maria Isabel Sánchez (LISARDA),
y José Cedena (BIENVENIDO).

Dirección: José Cedena.

Personajes:

LISARDA
TERESO
BIENVENIDO
CASTO
GENIO
FEDE
JUAN DE DIOS

1  3

Decorados de un parque, con dos bancos en el centro de la escena —separados entre ellos poco más de un metro— como únicos elementos imprescindibles. Por el patio de butacas llega LISARDA, *una viejita de ochenta y cuatro años, con el típico look de las viejas de antes, tipo «doña Rogelia». Viene despotricando contra su nuera.*

LISARDA   La madre que la parió… Qué a gusto se quedaría. ¡Vaya, vaya y vaya! Lo que tiene una que aguantar. *(Hablando con la gente.)* Hola hermosos… y hermosas. Diréis: «esta vieja tiene que estar como una cabra porque va hablando sola…». Pues no, todavía no lo estoy, hermosos. Lo que pasa es que estoy hasta el último pelo de la guarra de mi nuera y del camueso de su padre, que es mucho más tonto que tres pegaos. Bien metió la pata mi hijo con casarse con ese cacho perro. Con toas las mozas que había en Malpica de Tajo, que es mi pueblo, leche, y tenerse que casar con la más mala de toas. Mala, guarra, cotilla…, la pilla de tó. Pues no va hoy y me amenaza con darme un palo con el cepillo de barrer… (*A alguna mujer que le siga la corriente, interactuando con ella.*) Vamos, hermosa, como te lo digo. Porque no me he querío levantar de mi sillón pa que barriera debajo. Pero ¿sabes por qué no me he querío levantar…? Pues porque ella no lo hace na más que por joder, hermosa. Si sabe de sobra que ahí no hay mierda, que lo barre tos los días. Ahora que ya la he dicho: «como me toques un pelo, te denuncio». ¡Vamos que la denuncio y se la cae el pelo! Que hoy día te sacan las perras hasta por pegar a un perro cuanto más a una vieja. (*Lloriqueando casi.*) Y eso que los viejos estamos peor miraos que los perros. (*Seguramente le dirán: «que no, mujer».*) ¿Qué no…? Mira si no, la jefa esta de Madrid, que en la pandemia se murieron más de siete mil viejos en las residencias por no quererlos llevar a los hospitales y ahí sigue tan pancha, como si na. ¡Ay Señor…! Que sea lo que Dios quiera. Me voy a sentar un ratito al solecito a ver si *me se* pasa la mala leche esta que traigo. (*Va a sentarse a uno de los bancos del escenario. Suspirando al sentarse.*) Aaay, Señor bendito.

(*Por el patio de butacas aparece, quejicoso,* Tereso, *otro vejete de ochenta y cinco años, consuegro de* Lisarda.)

TERESO   Aaay, qué leche… Aaaay, qué leche… Aaay, qué leche…(*A la gente, según va por el pasillo.*) Mu buenas… (*Al ver a* LISARDA *sentada en el banco.*) Buenooo…, si está allí la víbora. Me cagüen la leche jodía, si *paece* a Dios…, está en toas partes. Aay, qué leche…

LISARDA   (*Al verlo llegar.*) Pero ¿qué viene pa acá este tío asqueroso…? Hay que joderse no poderme despegar de él. (*Al llegar* TERESO *a sentarse en el banco de al lado.*) ¿Que es que me vienes siguiendo, mostagán…?

TERESO   ¿Yo a ti? A ver si es que va a ser tuyo el parque, no te jode…Pa mí no es plato de buen gusto encontrarme con una víbora.

LISARDA   Como te arree un garrotazo me vas a llamar tú a mí víbora.

TERESO   Yo a ti no te he llamao víbora. Yo solo he dicho que pa mí no es plato de buen gusto encontrarme con una. Cuando te das por *aludía* por algo será.

    (*Por el patio de butacas aparecen otros dos viejetes más, de edad similar:* BIENVENIDO y CASTO.)

BIENVENIDO   Aaaay, qué coño… Aaay, qué coño… Aaay, qué coño…

CASTO   Pero cuánto te quejas, jodío.

9

BIENVENIDO   Como que le tiene a uno el reuma trillao.

CASTO   Pues igual que a mí, bolo estopa, ¿qué te crees…?

BIENVENIDO   ¿Quién sería el desgraciao que inventó el reuma…?

CASTO   Sí que es verdad, leche. Serían los de las farmacias, bolo, pa que *los* compremos medicinas.

BIENVENIDO   Aaay qué coño… Vamos a sentarnos un ratito allí en el parque, Casto.

CASTO   Yo, donde tú digas, Bienvenido, que pa eso eres el más viejo.

BIENVENIDO   Pero si no te saco na más que dos meses, no me jodas.

CASTO   Allá penas, pero eres más viejo. ¿O no? Je, je…

BIENVENIDO   (*Al ver a* LISARDA.) ¡Coño! Mira quien hay allí…, la de Malpica.

CASTO   Pero leche…, ¿una de Malpica? Hay que joderse lo chico que es el mundo.

BIENVENIDO   La Lisarda, no sé si la conocerías tú. Una que la llamaban «la Zurraspa».

CASTO   No me acuerdo, chico. Pues no hace ya años ni ná que íbamos los de Cebolla por Malpica a buscar novia.

BIENVENIDO   Pues me la he encontrao ya por aquí tres o cuatro veces y siempre hemos salío tarifando, je, je… Menudo par de ovarios tiene la tía.

CASTO   El caso es que sí que *paece* que me quiere sonar lo de «la Zurraspa»…

BIENVENIDO   Ahora que…, no *te se* ocurra llamárselo que te escalabra con la garrota.

CASTO   Anda, bolo, anda…, cómo *me se* va a ocurrir…

(Suben al escenario y van a sentarse en el banco de LISARDA.)

BIENVENIDO   Mu buenas… Mira, Lisarda, aquí te traigo a otro de Cebolla.

CASTO   Mu buenas.

LISARDA   ¡La jodimos…! Cuidao con lo grande que es Madrid y tenerme que encontrar aquí con este tío esperpento *(Por TERESO.)* y con dos cebollanos, leche.

CASTO   Pero coño, ¿que es que no la caemos bien a usted los cebollanos?

11

LISARDA   Pues, el compañero que traes, me cae peor que una patá en la tripa. Y, si vienes tú con él, ya sabes el refrán: «dime con quién andas y te diré quién eres».

CASTO   Je, je… Vaya una tía *jarrá*, muchacho.

BIENVENIDO   Je, je, je… Ya te lo he dicho.

(Se sientan junto a ella.)

LISARDA   *(Yéndose hacia la punta.)* Hay que joderse… Me vais a echar del banco, leche. Sus podíais sentar ahí, con el esperpento de mi consuegro y dejarme a mí en paz.

TERESO   *(Al oírlo.)* Ya podéis tener cuidao que sus pica la víbora.

BIENVENIDO   ¡Coño! Pero ¿que es ese el famoso Tereso del que tanto despotricas siempre?

LISARDA   ¡Ese! Ese es el esperpento de mi consuegro, que no me puedo despegar de él ni a sol ni a sombra.

BIENVENIDO   Nos hemos juntao aquí cuatro bolos de Toledo, je, je, je…

CASTO   Le estoy dando colteretas a la cabeza… y me suena eso de Tereso… ¿No serías tú el Tereso que me quiso sacar la ronda de mozos y le calenté los hocicos bien calentaos?

LISARDA   ¡No jodas…! Je, je, je…

TERESO   ¿Eeeh…? No, no…, a mí no me ha calentao nadie los hocicos en mi vida.

CASTO   Ah, pues entonces sería otro Tereso.

LISARDA   Qué leche va a ser otro Tereso…, si seguro que el único que se llama Tereso en el mundo es este, je, je, je…

BIENVENIDO   Cao…, ahora va a resultar que Casto le calentó los hocicos a tu consuegro, je, je, je…

TERESO   ¡Que a mí no me ha calentao los hocicos nunca nadie, tonto el bolo!

LISARDA   Je, je, je…Pues fíjate que ya me caes mejor, esteee…. ¿Casto te llamas?

CASTO   Sí, sí, Casto.

BIENVENIDO   Ya ves tú, le pusieron Casto y resulta que tiene doce hijos, je, je, je…

LISARDA   ¡Coño! Pues ya te podían haber puesto «Pichabrava», en vez de Casto, je, je, je…

CASTO   No acertó mi madre, no…La jodía quería a toa costa que yo la hubiera salío cura y mira…, *la* salió la galga capá.

LISARDA	Hombre, precisamente «capao» no la *salistes*, no, je, je, je…
CASTO	Bueno, ya…, es como decimos en mi pueblo cuando algo te sale al revés.
LISARDA	Ya, ya, si en el mío también, bolo, pero pa este caso precisamente no es mu apropiao, je, je, je…
CASTO	Las cosas de las madres.
BIENVENIDO	Y de los padres, que a mí fue el mío el que me colocó Bienvenido.
LISARDA	Pues tampoco acertó mucho, porque a ti te tenían que haber puesto Malllegado.
BIENVENIDO	¡Y dale! La perra que ha cogío esta mujer que siempre que me ve me tiene que decir lo mismo.
TERESO	Pero es a ella, a la que se lo tenían que haber puesto Malllegá. O Víbora que la pega mejor *entodavía*.
LISARDA	¡Uy, madre…! Hoy no te vas de aquí sin un garrotazo en los hocicos, mostagán.

(*Amenazándole con la garrota.*)

TERESO   ¡Cuando quieras me pegas tú a mí un ga-
           rrotazo…! A ver si es que te crees que yo
           vengo desarmao, no te jode.

           (Mostrando la suya).

BIENVENIDO *(A* CASTO.*)* Coño, pues Víbora se llama tu
           muchacha la chica, ¿no?

CASTO   ¡Qué leche se va a llamar Víbora mi mu-
           chacha, so bolo!

BIENVENIDO ¿Que no…? Entonces ¿cómo se llama?

CASTO   Débora, coño, no Víbora.

BIENVENIDO Bueno…, casi igual.

CASTO   Y a to esto…, ¿a ti por qué te puso tu pa-
           dre Bienvenido?

BIENVENIDO Pues mía tú que tontamente. En mi casa no
           sabían cómo ponerme, así que cuando fue
           mi padre al ayuntamiento a registrarme, sin
           saber cómo llamarme *entodavía*, cuando iba
           a entrar, vio un felpudo en la puerta que po-
           nía «Bienvenido», y dijo: «¡Coño! Pues este
           mismo: Bienvenido». Y Bienvenido me puso.

LISARDA   Je, je, je…, que pena que no hubiera pues-
           to Malllegado en el felpudo, leche, que te
           pegaba mucho mejor.

Casto	¿Y a ti por qué te pusieron Lisarda?
Lisarda	Porque *la* salió del papo a mi madre ponerme Lisarda y me puso Lisarda.
Tereso	Pues ya podía habérsela puesto en el papo llamarte Víbora, coño.
Lisarda	¡Carajo el esperpento…! ¿Y a ti…? ¿Por qué te puso Tereso? ¿Te lo puso de cachodeo o porque estaba borracha? Je, je, je, je…
Bienvenido	Sí que es verdad, je, je, je… Tereso no pega pa hombre. ¿Cómo es que te pudieron eso?
Tereso	*Háber*, bolo, porque mi madre era mu devota de Santa Teresa y estaba empeñá en que iba a ser una muchacha y ya me tenían preparao el nombre; pero mira por donde, salió un maromo. Así que dijo mi padre: «pues ya no lo andamos cambiando, Tereso y a tomar por culo».
Lisarda	je, je, je…
Bienvenido	¡A ver…! Qué más da como te llamen. Mientras que no te llamen tarde pa comer…, ¿verdad?
Tereso	Carajo…, ya ves tú qué más dará. Si a mí me pasó casi como a tu padre con mi muchacha, que, cuando fui a apuntarla, *me se*

olvidó el nombre que me había dicho la mujer que la pusiera.

BIENVENIDO   No jodas, je, je… ¿y qué *hicistes*?

TERESO   *Háber*…, pues me dice el escribiente: «¿cómo se va a llamar la niña?». Digo: «me cagüen la leche, *me se* ha olvidao». Y me dice el tonto el bolo: «ese nombre es mu largo, no se lo puedo poner».

BIENVENIDO   ¡No jodas! Je, je, je…

TERESO   Digo: «Que no, bolo tonto…, que *me se* ha olvidao el nombre que me ha dicho la mujer que *la* ponga». Dice: «coño, pues si *te se* ha olvidao, ponla Olvido y ya está». Y con Olvido se quedó.

LISARDA   Pues a esa sí que la tenías que haber puesto «Víbora», que es mucho más mala que un dolor de muelas.

TERESO   Mucho cuidaito con lo que dices tú de mi hija.

LISARDA   *Mía* tú lo que voy a decir, pues que es la nuera más mala del mundo.

BIENVENIDO   De eso nada, la nuera más mala del mundo es la mía.

LISARDA   ¡Ya estamos…! ¡Pa mala la mía!

BIENVENIDO   Toas las nueras son mu malas pero como la mía ninguna.

CASTO   ¿Y sus quejáis vosotros de nueras pa una que tenéis? Pues si tuvierais siete como yo…

LISARDA   No jodas…, ¿tienes siete nueras?

CASTO   ¡Vamos! Siete nueras y cinco nueros.

LISARDA   Pero cómo vas a tener cinco nueros, je, je, je…

CASTO   ¡Sí señora…, cinco!

LISARDA   Pero serán cinco yernos, no cinco nueros, jodío tonto.

CASTO   Oye…, mucho cuidaito con faltar, que yo de tonto no tengo ni un pelo.

BIENVENIDO   (*Quitándole la gorra para mostrar su reluciente calva.*) Nos ha jodío, ni de listo, je, je, je…

LISARDA   Ja, ja, ja, ja…

CASTO   (*Recuperando su gorra muy enfadado.*) ¡Trae mi gorra, leche! (*A* LISARDA, *que no para de reír.*) Y tú a ver si no faltas, a ver si te voy a llamar yo a ti Zurraspa y a lo mejor no te ríes tanto.

LISARDA
(*Pasando inmediatamente de la risa a un enorme cabreo. A* BIENVENIDO.) ¡Me cagüen hasta en la leche que te han dao! ¡Ya se lo has dicho! (*Empezando a lanzar garrotazos a diestro y siniestro, corriendo detrás de él alrededor de los bancos.*) ¡Te vas a enterar, jodío Malllegado!

BIENVENIDO
(*Levantándose enseguida y huyendo de los garrotazos, esquivándolos como puede.*) ¡Pero que yo no le he dicho na! (*A* CASTO.) Cagüen la leche jodía, ya la has liao…

(*Termina yéndose al banco de* TERESO.)

LISARDA
(*Volviendo a sentarse en su banco, pero antes echa de allí a* CASTO, *amenazándole también con la garrota.*) ¡Y tú…, a tomar por culo de aquí también! ¡Vamos!

CASTO
¡Quieta, quieta…, fiera, que ya me voy!

TERESO
Ja, ja, ja… Ay, amigo, *la* has dao donde más la duele a la vibora, je, je, je…

LISARDA
Como vaya pa allá, verás tú donde te va a doler a ti, jodío esperpento.

CASTO
(*Ya una vez sentados en el otro banco.*) ¡Anda…, tócate el bolo! Me falta ella a mí primero y encima me echa del banco.

BIENVENIDO
Cuidao que te lo he advertío, jodío.

CASTO   Vaya una tía, muchacho. ¡Que mala hostia tiene!

TERESO   Nó lo sabéis vosotros bien, je, je, je…

BIENVENIDO   Cagüen la leche jodía, si me ha dejao baldao con la carrera que me ha hecho dar esta jodía.

TERESO   Si es que ya no valemos pa na los viejos.

LISARDA   Serás tú, que ni vales ni has valío nunca pa na, pero no nos metas a tos en el mismo saco.

TERESO   ¡Pachasco que no saltara!

CASTO   Je, je, je…Vaya una tía, muchacho.

                      (*Breve pausa en silencio.*)

BIENVENIDO   (*Suspirando.*) Aaay, qué coño… Qué pena llegar a viejos, leche.

LISARDA   Peor es no llegar, no te jode…

CASTO   Hombree…, cómo lo sabes.

BIENVENIDO   Con lo *quesío* yo…, que era el mozo que más valía de to Cebolla.

CASTO   ¿Quién tú…? ¡Amos no jodas!

BIENVENIDO   ¿Que no? A ver quién era el que sus ganaba a tos a to lo que nos poníamos.

CASTO   ¿Tú…? ¿A qué ganabas tú, *hablaor*?

BIENVENIDO   Carajo…, a to: al porrazo…, a cargarnos costales de trigo…

CASTO   (*Cortándole.*) ¡Y pare usté de contar! Ná más que a esas dos cosas. A to lo demás era yo el que ganaba siempre.

BIENVENIDO   ¿Túúú…? Pero si tú a lo único que ganabas era a ver quién tenía la lengua más larga, pero na más.

CASTO   ¡Co…! ¡Y meando qué…? ¿Quién era el que más alargaba con el chorro? ¿Eeeeh…? ¿Quién era?

BIENVENIDO   ¡Yo, no te jode!

CASTO   ¡Porque tú lo digas! ¡El que más alargaba meando era yo!

BIENVENIDO   Amos no jodas… Eso no te lo crees ni tú.

LISARDA   Je, je, je…, vaya dos.

TERESO   Coño, si no sirve porfiar. Echarsus ahora mismo una apuesta y lo vemos.

CASTO   Carajo…, no se atreverá.

BIENVENIDO   (*Levantándose.*) ¿Qué no…? Vamos allá, cascante.

CASTO   (*Levantándose también.*) Hala, venga.

(TERESO *también se levanta y los sigue, quedándose un poco más rezagado para observarlo desde atrás.*)

TERESO   ¿Preparados…? ¿Listos…? ¡Ya!

(*Solo se les ve apenas de espalda pero se supone que ambos están orinando.*)

CASTO   (*Cuando ya se supone que han terminado.*) ¿Qué…? ¿Qué dices ahora? ¿Quién es el que más alarga? Si te he sacao casi un metro…

BIENVENIDO   (*Según se vuelven al banco. Mirándose a los pies. Aparte.*) Cagüen dies, si me he meao los zapatos. (*A* CASTO.) Porque me he venío recién meao de mi casa, que si no…

CASTO   Síí…, ahora ven con excusas, ¡lenguaza!

BIENVENIDO   ¿Lenguaza yo…? Je, je, je…, hay que tener cojones pa llamar a nadie lenguaza teniendo una lengua como la que tienes. Que pareces un dragón. Enséñasela a estos.

(CASTO *se hace el remolón.*)

TERESO   A ver…

LISARDA   Venga leche…, enséñanosla.

CASTO   ¿Sus la enseño?

LISARDA   Que sí, coño.

CASTO   Allá penas…, pues sus la enseño.

            (*Se pone de pie y hace intención de ir a bajarse la cremallera de la bragueta.* LISARDA *interviene enseguida.*)

LISARDA   ¡La lengua, tonto el bolo!

CASTO   ¡Aaah…! Je, je, je…

            (CASTO *se sienta y saca la lengua, que, efectivamente, tiene un tamaño considerable.*)

TERESO   ¡Jodo!

LISARDA   ¡La hostia! ¡Vaya un cacho lengua, muchacho!

BIENVENIDO En esto sí que nos ganaba a tos, pero ná más.

CASTO   Coño…, ya lo has visto quien alarga más meando.

LISARDA   En mi pueblo el que más alargaba meando era mi Venancio, que en gloria esté, que los doblaba a tos.

Tereso	Nos ha jodío bien podría, con la manguera que gastaba el bicho.
Bienvenido	¿Qué pasa, que marchaba bien de herramienta? Je, je, je…
Tereso	Con decirsus que le llamaban «Trabuco»… Con eso sus digo to.
Casto	¡Ah, coño!
Bienvenido	Je, je, je…

(*Breve pausa en silencio, que rompe esta vez* Lisarda *con un suspiro.*)

Lisarda	Aaaay, Señor bendito.

(*Tras otra breve pausa.*)

Bienvenido	Aaay, qué coño.

(*Tras otra breve pausa.*)

Tereso	Aaay, qué leche.
Bienvenido	(*Pensativo, nostálgico.*) Hay que joderse, con lo que he sío yo…, con lo que he sío yo…, y ya no vale uno ni pa mear.
Casto	(*Haciendo un aspaviento y tapándose enseguida la nariz.*) ¡Me cagüen la leche! ¿Quién se ha peído?

BIENVENIDO (*Percibiendo de pronto el olor y tapándose enseguida también la nariz. Mirando a* TERESO, *que también se la tapa.*) ¡La leche que te han dao, jodío guarro!

TERESO ¡Qué yo no he sío, coño! ¡Que yo no he sío!

BIENVENIDO ¿Qué no…? ¡Habrá sío el banco entonces, no te jode…!

LISARDA ¡Pero que tío asqueroso! En mi casa hace lo mismo, pero allí se tira el fusique, se va y la guarra de su hija me echa a mí las culpas.

BIENVENIDO (*Levantándose y yéndose al banco de* LISARDA.) ¡La madre que te parió!

TERESO ¡Que yo no he sío, coño!

CASTO (*Levantándose y yéndose también al banco de* LISARDA, *aireándose.*) ¡Y encima lo niega, el guarro!

(CASTO *se sienta con* LISARDA *y* BIENVENIDO. *Este olisquea un poco y de nuevo vuelve a hacer aspavientos y a despotricar, esta vez contra* CASTO.)

BIENVENIDO ¡Ah, desgraciao, que has sío tú!

CASTO ¡Que no, coño! *Me se* habrá pegao el olor de ese guarro y me lo he traído pa acá.

TERESO   Cuidao que sus lo he dicho, que yo no había sío…

BIENVENIDO   (*Levantándose otra vez y yéndose al banco de* TERESO. *A* CASTO.) ¡La leche que te han dao!

LISARDA   (*Levantándose también, asqueada, y yéndose al banco de* TERESO.) ¿Leche…? ¡Lo que parece que le han dao es amoniaco a este asqueroso!

CASTO   ¡La jodimos! Ahora voy a cargar yo con las culpas.

TERESO   (*A* LISARDA.) ¡Aquí no vengas, lenguaza! ¿No decías que había sío yo…?

LISARDA   (*Haciendo caso omiso y sentándose en la otra punta del banco.*) Como que son muchas veces las que lo has hecho, jodío guarro.

CASTO   Ya vendréis pa acá, con el rabo chasqueao, cuando se suelte otro.

BIENVENIDO   (*Olfateando.*) El caso es que sigue *goliendo* aquí también, me cagüen *dies*.

CASTO   ¿Qué…? ¿Qué sus he dicho?

TERESO   *Háber*, bolo, porque ya tienes el olor metío en la nariz.

LISARDA   Espérate que no haya sío este tío asqueroso.

CASTO   Cómo lo sabes que ha sío él.

BIENVENIDO   Yo pa mí que han sío los dos a la vez, fíjate lo que te digo.

TERESO   ¡Que no, coño, que ha sío él solo!

CASTO   ¡Tendrá cara el tío!

LISARDA   Mañana me voy a otro parque, me cagüen la leche.

BIENVENIDO   (*Tras quedarse pensativo.*) Hay que joderse, estoy pensando que vaya unas tonterías que decimos. Siempre estamos diciendo eso de «me cagüen la leche» y *entodavía* no he visto nunca a nadie cagarse en un vaso de leche.

TERESO   Yo en un vaso no, pero en un cubo de leche sí.

BIENVENIDO   ¡No jodas…! ¿A quién?

TERESO   A la vaca de Tirso «Culoancho», uno de mi pueblo, que, cuando la ordeñaba, de vez en cuando le soltaba una chorcha en el cubo.

BIENVENIDO   Hombre, pero me refiero a las personas, que somos las que lo decimos.

TERESO   A personas sí que no he visto nunca, no, las cosas como son.

LISARDA	Y me cagüen *dies* ¿qué…?
BIENVENIDO	¡Digo…! Sí que es verdad. A ver quién tiene narices pa cagarse en uno, cuanto más en *dies*.
LISARDA	Y lo decís cada dos por tres, que yo eso sí que no lo digo nunca.
TERESO	Paponás que decimos na más que por decir algo.
BIENVENIDO	En mi pueblo también decimos mucho «cagüen to lo que se menea», je, je, je…
TERESO	Y en el mío.
BIENVENIDO	Tú dime a mí si te tuvieras que cagar en to lo que se menea, je, je, je…
LISARDA	Menudo trajín, je, je, je…
CASTO	(*Tras haberse quedado pensativo.*) Y digo yo… ¿Por qué nos llamarán a los de Toledo «la provincia el bolo»?
TERESO	*Háber*, bolo, por qué va a ser… Porque es donde vivimos los bolos.
CASTO	Pero ¿por qué nos llaman «los bolos», leche…? Porque no creo que tos los de Toledo seamos mu bolos.

TERESO   ¡Que no bolón! Será porque decimos mucho «bolo», digo yo.

BIENVENIDO   ¡Sois más bolos que una manta! Nos llaman «la provincia el bolo» porque tos los de Toledo somos bolos. Unos menos bolos y otros más bolos, pero somos bolos tos. ¡Y no hay más que hablar, leche! ¡Somos bolos! ¡Y a mucha honra!

CASTO   ¡Ahí está!

LISARDA   ¡Callarsus ya, leche, que me estáis poniendo atacá con tanto bolo! ¡Vaya tres bolondreras!

BIENVENIDO   Lo que yo no me explico es que pintamos cuatro bolos en Madrid, leche, con lo a gustito que se vive en el pueblo.

LISARDA   Dende luego. Na más que por culpa de estos jodíos muchachos, que no querían campo ni a tiros, tenernos que venir nosotros pa acá.

(Breve pausa en silencio, que rompe esta vez TERESO.)

TERESO   ¿Qué hora es ya?

LISARDA   ¡La que apunta! Y dan por culo al que pregunta, je, je, je…

TERESO   ¡A ti no te preguntao!

CASTO   (*Tras mirarse el reloj.*) La una. Nos vamos a ir ya, Bienvenido, que ya es hora.

LISARDA   (*Levantándose.*) ¡Coño! Yo me voy ya que, como tarde en llegar y no avise a la guarra de mi nuera, se pone a cascar por el móvil y se *la* quema el cocido.

TERESO   ¡Pero qué lenguaza!

BIENVENIDO (*Levantándose también.*) Hala, sí, vámonos ya.

            (*Todos se levantan para irse.*)

CASTO   Bueno, malpiqueños, hasta otro día que nos veamos por aquí.

LISARDA   A ver si puede ser que no.

CASTO   Je, je, je… ¡Vaya una tía, muchacho!

TERESO   *Andar* con Dios.

BIENVENIDO Como decíamos cuando éramos chicos: «por aquí un torito, por allí una vaquita, cada uno a su casita», je, je, je…

TERESO   Sí, je, je, je…, en mi pueblo también lo decíamos.

(CASTO y BIENVENIDO *se van por la izquierda y* TERESO *y* LISARDA *para la derecha, pero* LISARDA *se para para no ir junto a* TERESO*.)*

LISARDA   ¡Tira palante, esperpento! Que se va a pensar la gente que vamos juntos.

TERESO   (*Parándose para dejar paso a* LISARDA*.*) Tira, tira tú delante, que no me fío de ti ni un pelo, que tú eres capaz de darme un garrotazo a traición.

(*Salen. Apagón de luces. Tras veinte o treinta segundos con una musiquita adecuada vuelven a encenderse las luces poco a poco. Por el patio de butacas aparece* BIENVENIDO *relatando él solo.*)

BIENVENIDO   Aaay, qué coño… Aaay, qué coño… Le tiene a uno el reuma trillao… Aaay, qué coño… ya no vale uno pa na… Ni pa mear vale uno ya, leche… Antes me meaba la corbata y ahora me meo los zapatos. (*Interactuando con el público.*) Sí, sí, reirsus, reirsus, que verás que prontito sus colocáis en los ochenta y cinco sin darsus cuenta… Eso si tenéis la suerte de llegar, como yo. Solo sus deseo una cosa: que no sus toque una nuera tan mala como la mía. ¡Muchacho…, vaya una nuera mala! Hay que joderse, qué mala suerte, coño. Si no fuera por mi nuera y por el puñetero reuma vivía yo en la gloria, vivía yo en la gloria, fijarsus lo que sus digo…

En fin, tendrá que ser así la cosa. Me voy a sentar un ratito al solecito… (*Sube al escenario.*) *Paece* que hoy no han venío los malpiqueños… (*Se sienta y sigue relatando.*) Aaay, qué coño…, si le cuesta a uno trabajo hasta subir cuatro escalones… Igualito que de mozo, que me cargaba dos costales de trigo yo solito… Y ahora no puede uno ya ni con las coplas de un ciego… ¡Quién pudiera volver a tener veinte años, me cagüen la leche! A ver si inventan algo pronto, coño, antes de que me vaya pal otro barrio… Cuidao con tos los adelantos que hay y no haber inventao na *entodavía* pa hacerse joven… Aaay, qué coño…

(*Se apoya en la garrota y se va quedando dormido. Incluso se le escucha algún ronquido. De pronto las luces se van oscureciendo hasta quedarse totalmente azuladas, mientras se escucha una musiquilla apropiada y el escenario comienza a llenarse poco a poco de humo. De pronto, entre la humareda, aparece un personaje similar al mítico genio de la famosa lámpara de Aladino, con pantalón bombacho, chaleco y turbante. Lleva una lámpara de pie en la mano. Suelta la lámpara en el suelo y se cruza de brazos, ante la mirada atónita de* Bienvenido, *que se ha despertado lentamente con la musiquilla.*)

GENIO   (*Hablando con marcado acento magrebí.*) Alá sea contigo, paisa. Soy el genio de la lámpara. Tú pide tres deseos, paisa, y morito concede.

BIENVENIDO   (*Todavía estupefacto con la aparición.*) ¡No me jodas! ¿Qué me lo estás diciendo de verdad…?

GENIO   Pos claro, paisa. Morito no dice mentira. Pide po esa boquita que Alá te ha dado y morito concede las tres cosas que tú pidas.

BIENVENIDO   (*Azarado, intentando pensar rápidamente.*) ¡Me cagüen la leche! Pues…, pues…, quiero volver a mearme la corbata como cuando era joven, que ya me meo los zapatos.

GENIO   (*Extrañado.*) Pero bueno, paisa…, ¿Tú estás majareta o qué? Para una vez en tu vida que se te va a aparecer el genio de la lámpara y tu mayor deseo es mear corbatas, paisa…?

BIENVENIDO   ¡Que no, bolo! Lo que quiero decir es que *me se* vuelva a poner la herramienta igual que la garrota.

(*Mostrándola.*)

GENIO   ¡Aaaah…! Morito ya comprende. Tú quere que cola ponga *rigida* como garrota. Deseo concedido. Tú pide segundo deseo.

BIENVENIDO   (*Continua azarado.*) Coño, pues…, pues… ¡Que me toque la lotería!

GENIO Deseo concedido, paisa. Pronto tocará lotería. Tú pide tercero.

BIENVENIDO Pues…, pues… ¡Que se vaya mi nuera y no vuelva a verla más!

GENIO ¡Hala! Nuera tuya a tomar po culo.

BIENVENIDO ¡Ah! Y que yo vuelva a tener veinte añitos.

GENIO No, paisa. Tú ya agota los tres deseos.

BIENVENIDO ¡Cagüen *dies*…!

GENIO Como si tú quiere cagar en veinte. Si tienes tantas ganas de hacer caca, hala con ello, pero ahí te quedas, paisa. Pronto tendrás tus tres deseos. Genio morito marcha con la lámpara a otra parte.

(*Desaparece por donde vino.*)

BIENVENIDO Hala, macho, que *te se* dé bien. (*Tan contento.*) Hay que joderse… Cuidao como *me se* ha olvidao lo principal. Bueno, por lo menos me ha concedío esas tres cosas, je, je, je…

(*Se queda pensativo y poco a poco vuelve a dormirse otra vez, apoyado en la garrota. Vuelve la luz normal. Por el patio de butacas llega otra vez* TERESO *relatando, quejicoso, como siempre.*)

TERESO   Aaay, qué leche… Aaay, qué leche… Aaay, qué leche…Me voy a sentar en el banco antes de que llegue la víbora, que luego dice que la voy siguiendo. (BIENVENIDO *está roncando cuando llega* TERESO *por la derecha.*) Coño, mira quien está ahí, el cebollano. (*Se sienta en el otro banco sin despertarle.*) Cagüen la leche, como ronca el jodío. Si parece una borrica cachonda.

(*Por el patio de butacas llega* LISARDA, *como siempre despotricando contra su nuera y su consuegro.*)

LISARDA   ¡La madre que la parió! ¡Pero qué cacho peeeeerro…! (*Al público.*) No hermosos, no sus penséis que es que me ha mordío un perro, no. Lo del cacho perro es por la guarra de mi nuera que me tiene hasta el último pelo. ¡Hasta el último pelo me tiene! Ella y el tío asqueroso de su padre, que ya me la ha vuelto a liar otra vez. Pues na…, que siempre me hace lo mismo ese tío guarro; se suelta un fusique en el salón y se va corriendo; llega su hija, olisquea y me echa a mí las culpas, cuando sabe que a mí no *me se* ocurre peerme delante de nadie por na del mundo. ¡Ay Señor bendito, dame paciencia! Me voy a sentar al solecito pa que *me se* pase la mala leche que traigo. (*Cuando va llegando, al ver a los otros dos cada uno en un banco.*) Ay qué joderse…, ya están ahí. Tener que aguantar ahora tos los días a estos mostrencos.

TERESO   (*Al verla llegar.*) ¿Qué pasa, que me vienes siguiendo?

LISARDA   (*Entrando por la derecha y liándose a veces con* TERESO.) ¡Ya me la has liao otra vez, so asqueroso!

    (BIENVENIDO *da un respingo, despertándose con las voces.*)

TERESO   ¡Chssst! Calla, coño que le despiertas al hombre.

LISARDA   (*Sentándose en el banco de* TERESO *pero a la otra punta, bien separada.*) ¡Anda y que le den por culo! ¡A él y a ti, so asqueroso, que ya me la has liao otra vez!

TERESO   ¡Pero qué leches te voy yo a liar…!

LISARDA   ¿Qué no…? ¡Jodío guaaaarro!

BIENVENIDO   (*Espabilándose.*) Pero ¿qué sus pasa? Hay que joderse siempre andáis igual.

LISARDA   ¡Tú cállate, que a ti no te dan vela en este entierro!

TERESO   ¿Ya te has despertao…? Te has echao una buena siesta, ¿eeh…?

BIENVENIDO   Calla, chico, calla… Si sus contara lo que me ha pasao…

TERESO   Pero coño, ¿qué te ha pasao?

BIENVENIDO   No sus lo vais a creer, pero *me se* ha aparecío un genio de esos de las lámparas, como en las películas.

TERESO   *(Impresionado.)* ¡No jodas…!

LISARDA   Ja, ja, ja…Vaaamos, fíjate oyes, ahora se le ha aparecío un genio al cebollano, ja, ja, ja…

BIENVENIDO   Sí, sí…, tú ríete, pero me ha dicho que pidiera tres deseos que me los daba.

TERESO   ¡No jodas!

BIENVENIDO   ¡Vamos! Sin joder parió la burra.

LISARDA   Ja, ja, ja…Eso es que lo has soñao, bolo toooonto.

BIENVENIDO   ¡Qué leche voy a soñar! Si lo he visto tan clarito como sus estoy viendo a vosotros. Mira, si *entodavía* se ve el humo, que se ha aparecío entre medias de una humarea, como en las películas.

LISARDA   Ja, ja, ja… Porque están quemando ahí unas taramas, so tooonto.

TERESO   *(Dando crédito —él sí— a lo que cuenta* BIENVENIDO. *Muy interesado.)* ¿Y qué has pedío…, qué has pedío?

37

BIENVENIDO	Chico, me he azarao y he ido pidiendo lo primero que *me se* venía a la cabeza. Lo primero le pedío que *me se* volviera a enderezar la herramienta como cuando era joven.
TERESO	¡No jodas!
LISARDA	Ja, ja, ja…Será asqueroso, el viejo verde.
TERESO	¿Y qué te ha dicho…, que te ha dicho?
BIENVENIDO	Que *me se* iba a poner igual que la garrota.
TERESO	¡No jodas…!
LISARDA	Ja, ja, ja…¿Igual que la garrota? ¡De madera! Ja, ja, ja…
BIENVENIDO	¡Que no, coño! Igual de tiesa.
TERESO	¿Y qué más…? ¿Qué más has pedío?
BIENVENIDO	Que me tocara la lotería.
TERESO	¡Ostias! ¿Y qué te ha dicho?
BIENVENIDO	Que eso estaba hecho.
TERESO	(*Cada vez más entusiasmado.*) ¡Me cagüen la leche!
LISARDA	Ah, mira, que eres rico… Pues hala, invítanos a algo, anda, je, je…

BIENVENIDO   No, *entodavía* no, pero me ha dicho que mu prontito *me se* van a cumplir los tres deseos.

TERESO   ¿Y el tercero? ¿Qué has pedío?

BIENVENIDO   Que desapareciera mi nuera y no la volviera a ver más.

TERESO   Aaaay, bolondrón, ya podías haber pedío volverte jovencito.

BIENVENIDO   ¡Si se lo he pedío! Pero me ha dicho que eran solo tres y que otro más ya no valía.

TERESO   ¡Cao…! Te has dejao el más importante, jodío.

BIENVENIDO   Ya, bolo, pero me azaré; como estaba nerviosito perdío, pedí lo primero que *me se* fue viniendo a la cabeza y como tengo tanto horror a mi nuera…

LISARDA   Ya podías haber pedío que se llevara también a la mía de paso, je, je, je…

TERESO   Pero es a ti a quien se tenía que haber llevado, pa lo que pintas aquí ya, que no haces na más que incordiar.

LISARDA   ¿Yo incordiar…? Pero eres tú, jodio asqueroso.

(*Breve pausa, con los tres pensativos.*)

BIENVENIDO   (*Suspirando.*) Aaay, qué coño…

             (*Breve pausa.*)

TERESO   Aaaay, qué leche…

             (*Breve pausa.*)

LISARDA   Aaay, Señor bendito…

BIENVENIDO   Cagüen la leche, qué ganas tengo ya de que *me se* cumplan los tres deseos. Estoy impaciente.

TERESO   No me extraña. Estoy impaciente hasta yo.

LISARDA   (*Sarcásticamente.*) Je, je, je… Y yo, y yo…

             (*De pronto* LISARDA *hace un aspaviento y olfatea un poco, tapándose enseguida la nariz y levantándose.*)

TERESO   (*Al verla, señalando al frente.*) ¡Ahí va…, el camión de la basura!

LISARDA   (*Yéndose corriendo hacia el banco de* BIENVENIDO.) ¡Me cagüen hasta en la madre que te ha parío! ¡Jodío guarro!

TERESO   Pero que yo no he sío, muchacha, que es que ha pasao el camión de la basura.

BIENVENIDO   (*Tapándose también la nariz.*) La leche que le han dao, sí llega hasta aquí el olor.

LISARDA   (*Con rabia.*) ¡Pero qué tío asqueroooooso!

BIENVENIDO   Y le echábamos las culpas al pobre Casto.

TERESO   Como que fue él, no te jode.

LISARDA   Coño, ahora que lo dices…¿*Aónde* te has dejao al otro cebollano?

BIENVENIDO   *Háber,* bolo, como tiene doce hijos, le toca un mes con cada uno.

(*Por la derecha aparece un hombre con un bolso de la mano, se acerca a los vejetes y les habla con un marcado acento argentino.*)

FEDE   Me van a perdonar que les moleste, pero quería ofrecerles un producto que seguro les va a interesar. (*Se sienta en el banco con* TERESO. *A* BIENVENIDO.) ¿Se puede acercar también el caballero, por favor? Si no le importa a su esposa, claro.

LISARDA   ¡Qué leches de su esposa…! ¿Es que me ves tú a mí pinta de ser la mujer de este vejestorio…?

FEDE   Ah, disculpe, señora, como estaban ahí juntos…

LISARDA	Juntos, pero no revueltos, no te jode.
BIENVENIDO	(*Levantándose y yéndose al banco de* TERE-so, *quedando uno a cada lado de* FEDE.) ¡Amos no jodas…! Qué más quisiera esta que *la* cayera un caramelito como yo, je, je, je…
FEDE	Esteee…, primero permítanme que me presente. Me llamo Federico Diego Armando Leonardo Simeone Valdano.
BIENVENIDO	¡La hostia…! Estás sin nombres, jodío.
FEDE	Bueno, vos podés llamarme Fede, que es como me llaman los amigos.
TERESO	Hombre, eso ya es otra cosa.
FEDE	Soy representante de los laboratorios más prestigiosos del mundo en el estudio de la decadencia de los atributos masculinos, Laboratorios Pichorrilla S.L. Y puedo decirles que hemos conseguido auténticos milagros para acabar con la disfunción eréctil.
TERESO	¿Qué es eso?
FEDE	La imposibilidad de mantener una erección. Ya sabe.
BIENVENIDO	¡Coño! A este le ha mandao el genio de la lámpara. (*A* FEDE.) ¿A que sí, jefe?

FEDE

Bueno, realmente así pueden considerarlo, porque nunca un deseo fue tan bien correspondido como va a suceder con vos.

BIENVENIDO

(Mirando a LISARDA.*)* ¿Quééé…? Y no te lo creías.

LISARDA

¡Arrea, bolo estopa…! Je, je, je…

FEDE

Es evidente que a ciertas edades como las suyas…, esteee…, *(Haciendo algunas señales muy sutiles para indicar a lo que se refiere.)* el «monaguillo» ya se encuentra adormilado, ¿no es cierto?

TERESO

(Extrañado.) ¿Qué monaguillo?

FEDE

(Haciendo señales algo menos sutiles ya.) Yo es que lo llamo el monaguillo. El… «muñeco» me refiero.

TERESO

(Extrañado.) ¿Qué muñeco…?

FEDE

(Contrariado, molesto ya con la ingenuidad de TERESO.*)* ¿Sos pelotudo o vos se cayó de la cuna…? ¡La pinga, la pija, la poronga, la pinchila, el choto, la verga…! ¿Querés más nombres, ché?

BIENVENIDO

¡La herramienta, tonto el bolo!

TERESO

¡Aaaah! ¿Adormilao…? Lo que está es moribundo, no te jode.

LISARDA	(*Sigue muy atenta toda la conversación.*) O muerto del to, je, je…
FEDE	Pues para eso vine yo, para resucitarlo con mi pócima milagrosa.
TERESO	¡No jodas…!
FEDE	No, yo no, pero vos sí que podrá ya, con mi pócima milagrosa.
BIENVENIDO	(*Frotándose la manos.*) Ya me ha concedío el genio el primer deseo, je, je, je…
FEDE	No dudés, caballero, porque hay que ser un auténtico genio para inventar esta maravilla.
LISARDA	Je, je, je…
TERESO	Y ¿cuánto vale la maravilla?
FEDE	(*Sacando dos frascos del bolso.*) Aquí lo tenés. Una ganga. Por solo cincuenta euros podés adquirir el invento del siglo.
TERESO	¡Coño! Y que una ganga dice.
LISARDA	Je, je, je…
FEDE	No sos boludo, ché, que es muy poca plata. ¿Qué son cincuenta euros por volver a resucitar al «monaguillo»? Si vos tomás esta pócima vos quedás hecho un pibe.

BIENVENIDO   ¿Qué eres de Toledo tú también, machote?

FEDE   Claro que no, ché. ¿No notás el acento argentino?

BIENVENIDO   Como dices también lo de bolo, como nosotros…

FEDE   Noo…, dije boludo, que decimos allá, no bolo que dicen por acá, por Toledo.

BIENVENIDO   Aaaah…Como nosotros decimos también bolón, bolondrón y bolondrera…

TERESO   (*Sacándose la calderilla que tiene en el bolsillo.*) Pues no tengo aquí na más que un euro y setenta céntimos, me cagüen la leche.

BIENVENIDO   Pues yo sí que tengo, porque me ha dao mi nuera, pa que me lleve pa allá cuando me vaya, un par de garrafas de aceite.

TERESO   ¿Tienes pa dejarme a mí cincuenta? Mañana de los traigo.

BIENVENIDO   (*Sacándoselo del bolsillo.*) Pues mira, cien euros justos me ha dao. Pero mañana me los tienes que traer sin falta, ¿eeeh?

TERESO   Carajo…, mañana los tienes aquí, no ves que me he traído la cartilla pa ir a cobrar la pensión, bolo.

LISARDA	Je, je, je… ¡Vaya dos tontos!
BIENVENIDO	Pues hala, toma machote.

(Se los da a FEDE y este les entrega un frasco a cada uno.)

FEDE	¡Macanudo! Aquí tienen. Vos tomás una cucharada antes de acostarse. El primer día verán como ya notan que se levantan… «contentillos».
LISARDA	Je, je, je…
FEDE	Acabás de hacer la mejor compra de vuestra vida.

(Los dos se frotan las manos tan contentos.)

BIENVENIDO	Se va a poner buena mi nuera cuando me presente sin el aceite. Menos mal que como me va a tocar la lotería…
LISARDA	Je, je, je…
BIENVENIDO	Y además, coño, si lo mismo cuando llegue ya no está, je, je, je…

(FEDE se levanta y va a sentarse junto a LISARDA en su banco.)

FEDE	Para vos también tengo otra cosita, bella dama.

LISARDA	¿Ah sí…? ¿Qué tienes pa mí, hermoso…? Como no tengas una escobilla pa quitar las telarañas de la cueva, je, je, je…
TERESO	Esa tiene que tener ahí hasta ratones, je, je, je…
LISARDA	Tú sí que tendrás hasta gusanos en esa pilila muerta, esperpento.
FEDE	No solo soy representante de Laboratorios Pichorrilla S.L., también represento a otro laboratorio no menos prestigioso, especializado en la sexualidad femenina: Laboratorios Chumino, S.A.
LISARDA	(*Sarcástica.*) Ah, mira, fíjate… Vaya un tío representaor, je, je, je…
FEDE	(*Sacando un tubito del bolso.*) Acá tenés vos esta crema que elimina instantáneamente la sequedad vaginal.
LISARDA	No jodas…¿Te riega el seto? Je, je, je…
FEDE	Y además despierta la lívido. (*Ofreciéndoselo.*) Aquí tenés, por otros cincuenta euritos de nada.
LISARDA	Mira, hermoso, no sé quien será «la Livido» esa, pero vete a despertarla a ella, que yo no quiero cremas ni leches. Que mi seto no le ha regao nadie *dende* que se murió el

jardinero, hace ya más de treinta años, y no creo que lo riegue ya nadie más.

FEDE Pero, flaca… ¿Por qué renunciar al placer sexual, si vos tenés un aspecto bárbaro todavía?

LISARDA No, no, «gordo»…, si yo todavía tengo los trastos en mu buenas condiciones pa darle una alegría al cuerpo si quisiera… Lo que pasa es que no quiero.

FEDE Mujer, si yo no digo que no, pero a su edad, la sequedad vaginal es inevitable y le aseguro que esto es mano de santo.

LISARDA ¿Mano de santo…? Pues por mu santo que sea a mí no me mete ahí la mano. Dátela tú en la lengua, ¡cascante!, que tendrás la boca seca de to lo que cascas. No tienes tú labia ni na…A estos dos *inorantes* los habrás engañao pero a mí tú no me la das.

FEDE Pero señora…

LISARDA ¡Ni señora ni ostias! ¡Arrea de aquí a tomar por culo que te pego un garrotazo que te jodo pa vino!

(*Amagándole con la garrota.*)

FEDE   (*Levantándose enseguida.*) Vos se lo pierde por boluda. (*Desairado.*) ¡La concha de su madre…!

LISARDA ¿La concha de mi madre…? ¡El caparazón de tu padre! No te jode…

TERESO   Tú déjala bolo. Si, como decimos en mi pueblo: «no se ha hecho la miel pa la boca del burro».

LISARDA Carajo el esperpento… Pues a partir de ahora se va a decir: «no hay milagro que valga pa la cola de un borrico viejo».

FEDE   Caballeros…, que disfruten de su compra. Ya verán cómo me lo van a agradecer.

TERESO   Adiós, machote. Y muchas gracias.

BIENVENIDO Hala, jefe, a seguir bien. Dale las gracias al genio de mi parte.

FEDE   (*Mirando a* LISARDA.) Y vos que sigá disfrutando de sus telarañas.

LISARDA ¡Arrea a tomar por culo, cascante!

(*Sale* FEDE *por la derecha.*)

BIENVENIDO Fíjate que yo estaba pensando en ir al *pograma* ese de Ramón García a buscar novia, as'que ya está decidío. Esta tarde llamo sin falta.

TERESO   Hombre, yo no creo que vaya, pero si *me se* pone a tiro echar una huebra, por lo menos que responda «el monaguillo», je, je, je …

LISARDA   Síí… o el sacristán, no te jode. Pero ¿dónde vas tú, carcamal…?

TERESO   Y además que así me la encuentro antes cuando vaya a mear.

BIENVENIDO   Llama tú también, bolo, al *pograma* ese de Ramón, que allí to el que va sale ennoviao.

TERESO   No jodas… Pues mira, lo mismo me apunto yo también si veo que triunfas tú.

BIENVENIDO   ¡Carajo que triunfo! Eso dalo por seguro.

LISARDA   Digo…, que el otro también, je, je, je…

BIENVENIDO   Amos que, con lo buen mozo que soy *entodavía*, cuando cuente allí to esto que me ha pasao y diga que «la vara de varear» *entodavía* cimbrea y que encima me ha tocao la lotería…, *me se* rifan, fíjate lo que te digo.

LISARDA   Pues na, je, je, je…Menudo chasco te vas a llevar cuando no llame nadie.

BIENVENIDO   A ver si no terminas llamando tú también, con tanto que estás hablando.

LISARDA   No, no…, yo me voy a esperar pa llamar cuando vaya el tío esperpento ese, (*Por* TE-RESO.) je, je, je…

BIENVENIDO   Mira, Tereso, mira, lo mismo tanto regañar, tanto regañar… y al final acabas ennoviao con tu consuegra, je, je, je…

TERESO   ¡Amos no jodas! No tenía yo que hacer otra cosa na más que ennoviarme con la Zurraspa.

LISARDA   (*Haciendo un aspaviento al escucharlo y levantándose enrabietada.*) ¡Me cagüen hasta en la madre que te ha parío! Ya sí que no te salva ni la caridad.

    (*Le persigue alrededor de los bancos, a garrotazo limpio.* BIENVENIDO *observa la escena sin parar de reír.*)

BIENVENIDO   Je, je, je…Cuidao el espectáculo que estáis dando, je, je, je… ¿Vosotros sus creéis que esto es formalidad? Vaya un ejemplo que estáis dando los de la provincia el bolo, je, je…

TERESO   Cállate, leche, y échame una mano, tonto el bolo. Sujétamela que esta es capaz de matarme a garrotazos.

BIENVENIDO	Je, je, je… Nos ha jodío, no haberla llamao Zurraspa, je, je, je…Di que dale con gana, que se lo merece por llamarte Zurraspa, je, je, je…
LISARDA	Tú cállate, a ver si te va a tocar a ti algo también.
BIENVENIDO	Pero leche…, encima que te defiendo, Zurraspa.
LISARDA	¡Me cagüen la leche que te han dao a ti también!
	(*Se va a por* BIENVENIDO, *que se levanta enseguida y corre también alrededor de los bancos.*)
BIENVENIDO	Perdona Zurraspa, que es que *me se* ha escapao, je, je, je…
	(LISARDA *persigue a uno y a otro, lanzando garrotazos además de improperios, hasta que termina cayendo rendida en el banco.* TERESO *y* BIENVENIDO *se sientan también en el otro banco.*)
TERESO	Me cagüen la leche, si le tiene a uno reventao esta jodía.
LISARDA	Si no te creas que esto se ha quedao así, vejestorio. Hoy tú te vas de aquí escalabrao.

TERESO   Venga, mujer, no seas rencorosa. Te pro-
           meto que no te lo vuelvo a llamar más.

BIENVENIDO Ni yo, je, je, je…

TERESO   Si te estás quieta ya y no me pegas un ga-
           rrotazo, te dejo tos los días el sillón bueno
           pa ti.

LISARDA   Júramelo.

TERESO   Que me muera aquí mismo.

LISARDA   No, júramelo por la guarra de tu hija.

TERESO   Te lo juro por la guarra de mi hija. Digo…,
           te lo juro por mi hija.

LISARDA   Vale, pues trato hecho. Pero tos los días,
           ¿eeeh…? Ya siempre pa mí.

TERESO   Sí, sí, ya siempre pa ti.

BIENVENIDO Pero leche…, ¿qué tiene ese sillón que pa-
           rece que has aplacao a la fiera?

TERESO   Porque es el más cómodo de la casa, bolo,
           y tos los días regañamos por él.

BIENVENIDO Cagüen *dies*, pues dila que yo también en-
           tre en el trato, que te he prestao los cin-
           cuenta euros.

TERESO   ¿Puede entrar éste también en el trato?

LISARDA   De eso nada. El trato ya está cerrao y era solo pa ti.

BIENVENIDO La jodimos. Ya puedo estar bien alerta con esta fiera.

LISARDA   (*Advirtiendo a* TERESO.) Que lo has jurao por tu hija…

TERESO   Que sí, mujer, que sí…

(*Por la derecha llega un gitano señorito,* JUAN DE DIOS. *Pantalón negro, camisa negra, sombrerito negro, abundancia de bisutería dorada y un bastoncillo de la mano. Habla con mucho acento gitano.*)

JUAN DE DIOS A la paz de Dios. Con su permiso me voy a *presental*. Soy Juan de Dios Vargas Heredia y vengo a regalarles un décimo de loterida de cuatrocientos mil leuros.

BIENVENIDO (*Entusiasmado.*) ¡El otro! ¡El segundo deseo! (*A* JUAN DE DIOS.) Te ha mandao un genio, ¿a que sí?

JUAN DE DIOS Sí, señol, me ha mandao Eugenio. Mi primo Eugenio Vargas Montoya. (*Como ocurre con mucha gente, lo pronuncia mal: Ungenio.*) ¿Le conoce usté a mi primo?

BIENVENIDO   A tu primo no, leche. Al genio, sí.

JUAN DE DIOS   Aaah… La cosa es que los estábamos viendo *dende* allí y me ha dicho mi primo: «Mira, regálaselo a aquellos señores de aquel banco que tienen pinta de ser buenas personas». Y pa acá me he venío. Les ha tocao a *ustés*.

BIENVENIDO   *(Entusiasmado.)* ¡Está mu claro: es el segundo deseo!

LISARDA   Je, je, je…

JUAN DE DIOS   Yo es que soy católico, *postólico* y rumano y hoy *presizamente*, me han tocao cuatrocientos mil leuros a la *loterida*; pero, como Jesucristo dijo que «será más difícil que un rico entre en el reino de los cielos que un borrico pase por el ojo de una aguja», pos yo con tener pa mantener a mis churumbeles ya me vale. Así que con que me den mil leuros cada uno yo me conformo. Luego ustés lo cobran por cuatrocientos mil en la agencia de la *loterida*.

TERESO   ¡Eso está hecho!

LISARDA   Je, je, je…Pero so tonto, si eso es el timo del tocomocho, que se lo dieron a mi prima Eufrasia, hace muchos años, cuando se vino a servir a Madrid.

JUAN DE DIOS   Pero qué dice la paaaya…, ja me maaaten.

TERESO   Y porque se lo dieran a tu prima hace un montón de años me lo van a dar a mí también ahora, tonta el bolo.

LISARDA   ¡Que sí, bolo estopa! Que a mí también me lo quiso dar hace poco un gitano señorito como este, pero le salió la galga capá.

JUAN DE DIOS   Yo no soy gitano, paya. Señorito, sí; pero gitano, no.

LISARDA   ¿Que no eres gitano…? Amos no jodaaas, je, je, je…

JUAN DE DIOS   No, señora. Yo soy un pijo del barrio de Salamanca, pa que se entere usté. Y me sobra el dinero por tos laos.

TERESO   No haga usté caso a esa mujer y denos usté el décimo.

JUAN DE DIOS   Primero vamos al banco a por los dos mil leuros, que yo me tengo que marchal enseguida.

TERESO   Vamos allá ahora mismo, que precisamente me he traído la cartilla pa cobrar la pensión.

BIENVENIDO   *Cagüen dies*, yo no tengo aquí la cartilla. Como me la esconde la guarra de mi nuera…

Hasta mañana no me la da, pa ir a cobrar la pensión.

JUAN DE DIOS No pasa na, payo, en el banco te dan dinero con el *carné*, aunque no tengas la cartilla.

BIENVENIDO Que va…, a mí no, porque les tiene dicho mi nuera que no me lo den si no llevo la cartilla. Me los prestas tú, Tereso, ¿vale?

TERESO ¿Eeeeh…? De eso nada. Pa eso se lo compro yo entero por dos mil, no te jode…

LISARDA ¡Pero qué angustiooooso!

BIENVENIDO ¡Pero, si te he prestao yo a ti cincuenta antes!

TERESO Nos ha jodío, cincuenta, pero no mil, no te jode…

BIENVENIDO Pero, *dejraciao*, que le ha mandao el genio por mí, ¿y me vas a dejar sin cobrar yo la loteria…?

TERESO ¡Cómo lo sabes!

BIENVENIDO ¡Será egoista!

TERESO Allá penas.

BIENVENIDO ¡Egoiiiiista! ¡¡Me vas a dejar tirao, egoiiiista?!

TERESO	Como decimos en mi pueblo: «Aunque sea frase mal dicha, «cada perro que se lama su picha». (*A* JUAN DE DIOS.) Vámonos al banco, jefe, que yo te doy los dos mil.
JUAN DE DIOS	Vamos allá.
LISARDA	(*A* TERESO.) ¡Pero so tooonto, que te va a timar!
TERESO	Allá penas, ¿y a ti qué te importa?
JUAN DE DIOS	Jaaa te mueras, paya, que yo no voy a *timal* a *naide*.
LISARDA	¿Qué no…? ¡Al inorante ese! Cuando llegues a tu casa timao, te mata tu hija.
JUAN DE DIOS	No *la* hagas caso, payo, que esa lo que tiene es envidia y na más.
TERESO	Carajo…, ¡qué le voy a hacer yo caso a esa! ¡Anda que *la* den morcillas!
JUAN DE DIOS	(*A* LISARDA, *según se van.*) ¡Mala cagalera te diere que no te pudieres subir ni las bragas, paya!
LISARDA	¡A ti te tenía que dar y que te tuvieras que gastar en medicinas to lo que le vas a timar a ese jodío tonto!

BIENVENIDO (*Hundido.*) Que *dejraciao,* egoistón. Encima que me le manda a mí el genio me voy a quedar sin que me toque...

LISARDA ¡Pero qué leche te le va a mandar el genio, tonto el bolo! ¡Si es un timo!

BIENVENIDO ¡Ojalá! ¡Ojalá lo fuera y le salga la galga capá a ese egoiiista!

LISARDA No te preocupes que no le va a dar pena, je, je, je... Cuando se entere su hija de que le han timao dos mil eurazos, la que le va a caer va a ser chica, je, je, je...

BIENVENIDO Ojalá sea verdad to lo que dices, Lisarda.

LISARDA Que sí, bolondrón, que sí, ya lo verás, je, je, je... (*Cayendo de pronto en la cuenta.*) Pero bueno... y yo que hago consolándote a ti, desgraciao... Si yo lo que te tengo que pegar es un garrotazo de toas maneras...

BIENVENIDO Venga, mujer, eso ya está olvidao. Cuando me toque la lotería te doy un pellizquito, te lo prometo.

LISARDA (*Levantándose y yéndose a por él.*) ¿Un pellizquito...? ¡Un garrotazo es lo que te voy a dar yo a ti!

BIENVENIDO (*Levantándose y huyendo.*) Venga, mujer, perdóname ya.

LISARDA	(*Persiguiéndole garrota en alto.*) No, no, sí te perdono… ¡Pero cuando te haya escalabrao!

(*Salen los dos corriendo por la derecha.* LISARDA *garrota en alto a punto de atizar a* BIENVENIDO. *Nada más salir se escucha un grito de* BIENVENIDO.)

BIENVENIDO	(*Voz en off.*) ¡Aaaaaah! ¡Me ha escalabrao!¡Me ha escalabrao!
LISARDA	(*Voz en off.*) Hala, que ya estás perdonao.

(*Apagón de luces. Tras unos segundos con la musiquilla vuelven a encenderse poco a poco las luces. Por el patio de butacas llega* BIENVENIDO *con su estribillo de siempre. Trae un rollo de papel higiénico de la mano.*)

BIENVENIDO	Aaay, qué coño… Aaay, qué coño… Aaay, qué coño… (*Relatando él solo.*) Por si fuera poco el jodío reuma, ahora encima la escalabraura y la cagalera… Aaay, qué coño… Aaay, qué coño… Quién me mandaría a mí hacerme caso del puñetero genio ese y del cascante del argentino… Aaay, qué coño… Aaay, qué coño… ¡Digo…!, la otra también, el garrotazo que me pegó en la chola, que eché más sangre que un guarro en una matanza… Menos mal a la boina y a la buena pelambrera que tengo, que si no me abre en canal… ¡La madre que la parió! Esa mujer

está cerril… Amos, que no *me se* ocurre a mí volverla a llamar Zurraspa ni aunque me den pa un guarro. Aaay, qué coño… Aaay, qué coño… *(Llegando al escenario.)* Mira, parece que hoy no hay nadie *entodavía*. Mejor, a ver sí hoy no viene el jodío egoista ese ni la Zurras…*(Cortándose de repente y mirando a todos lados.)* ni la Lisarda, coño, a ver si me va a oír y lo que me faltaba ya. *(Sube al escenario y se sienta en uno de los bancos. Suelta el rollo de papel al lado. Vuelve a suspirar.)* Aaay, qué coño… *(De repente se levanta, coge el rollo de papel higiénico y se va corriendo por la derecha.)* ¡Me cagüen la leche jodía, otra vez el apretón!

(Sale. Por el patio de butacas llega Lisarda, *como siempre relatando contra su nuera.)*

LISARDA   La madre que la pario… Y que tos los días con alguna cantinela…Cuidao con las que me viene hoy: «que la tengo que dar cien euros más todavía de lo que cobro de pensión»… La madre que la parió…La parecerá poco todavía los trescientos eurazos que la doy tos los meses… Amos, no me jodas, que como yo menos que un jilguero y tener la poca vergüenza de pedirme más todavía…Ay, Señor, dame paciencia…*(Cuando va llegando al escenario aparece ya* BIENVENIDO *por la derecha, abrochándose los pantalones.)* Hombre…, mira quien aparece por ahí; el escalabrao, Je, je, je…Seguro

61

que ya se le han quitao las ganas de llamarme Zurraspa pa toa su vida. (BIENVENIDO *se sienta en su banco y ella sube y va a sentarse al otro.*) Hombreee…, ¿qué tal va esa escalabraura?

BIENVENIDO ¡La leche que te dieron…! Me duele que me rabia. ¡Cinco puntos me han dao!

LISARDA Aaah…, pues mira que bien, con otros veinte más creo que en el *Carrefur* ese te dan una bicicleta, je, je, je… Así que vuélveme a llamar Zurraspa y a lo mejor los arrejuntas.

BIENVENIDO Si te llego a denunciar vas a la cárcel por intento de asesinato.

LISARDA ¡Amos no jodaaaas….! ¿Por matar a un viejo…? ¿Aquí en Madrid…? Lo que me dan es una medalla, no te jode…, que todavía seguimos sobrando muchos después de la pandemia, je, je, je… (*Suspirando.*) ¡Ay que pena, Señor…! Me río por no llorar.

BIENVENIDO Aaay, que coño… Vaya racha que llevo. Entre el reuma, la escalabraura y la cagalera me tienen acobardao.

LISARDA ¿La cagalera…? Pero leche… ¿Es que tienes cagalera? Je, je, je…

BIENVENIDO Allá penas… No te lo pienso contar, pa que te rías de mí.

LISARDA   Je, je, je… No, no, si ya me estoy riendo.
                 (*Asomándose.*) Mira por lo que tiene ahí el
                 rollo de papel higiénico, je, je, je…

                 (*Por el patio de butacas llega* TERESO, *también quejicoso.*)

TERESO   Aaaay, qué leche… Aaaay, qué leche… ¿Quién
                 me mandaría a mí…? Aaay, qué leche… Aaay,
                 qué leche… Si ya lo dice el refrán: «la avari-
                 cia rompe el saco»… Aaay, qué leche… (*Al
                 llegar ya cerca del escenario y ver a* LISARDA *y*
                 BIENVENIDO.) Mira…, ahí está el cebollano
                 con la víbora… Aaay, qué leche… Vamos a
                 ver si lo arreglo un poco por lo menos, que
                 si no yo creo que me mata mi hija…

                 (*Sube al escenario.*)

BIENVENIDO   (*Al verle entrar por la derecha.*) ¡Adiós…!
                 El que faltaba pal duro…¡El egoiiista!

TERESO   Hombre…, Bienvenido, me alegro mucho de
                 que estés aquí, que venía yo buscándote.

                 (*Se va a sentar con él en el banco.*)

BIENVENIDO   ¡Arrea a tomar por culo de aquí! Conmigo
                 no te sientes, ¡egoiiiiiista!

TERESO   Tienes toa la razón del mundo, Bienve, pero
                 estoy mu arrepentío. (*Sacándoselos del bolsi-
                 llo.*) Lo primero, toma tus cincuenta euros.

BIENVENIDO ¡Ah, sí! Entre unas cosas y otras *me se* había olvidao. (*Los coge y le echa, amenazándole con la garrota.*) ¡Hala, ya me los has dao! ¡Arrea de aquí, que no te veo, egoiiiista!

TERESO (*Yéndose hacia el banco de* LISARDA.) No te alteres, hombre, no te alteres y escúchame.

BIENVENIDO (*Sin ceder.*) ¡Arrea a tomar por culo!

TERESO (*Sentándose en el banco con* LISARDA.) Si tienes razón, hombre, si tienes razón…, pero escúchame, leche.

LISARDA ¡Aquí conmigo no te sientes!

TERESO Como que es tuyo el banco, no te jode…

LISARDA (*Levantándose y yéndose al de* BIENVENIDO.) Pues me voy yo, no sea que te vuelvas a aflojar un fusique, ¡so asqueroso!

TERESO Pues eso, Bienvenido, lo que te decía, que me *arremuerde* mucho la *concencia*.

BIENVENIDO ¿Pero tú tienes *concencia*…? ¡Egoiiiista!

TERESO Con decirte que no he dormío en toa la noche na más que porque me *arremordía* la *concencia*, con eso te digo to. Así que digo: «esto lo tengo que arreglar, que Bienvenido no se lo merece».

BIENVENIDO   Vaya, hombre…No me digas que me traes la mitad de los cuatrocientos mil euros…

TERESO   No, porque entodavía no he ido a cobrarlos. No me dejaba la *concencia*. Pero ahora mismo si quieres y si tienes ahí la cartilla, vamos a por tus mil euros, me los das y nos vamos juntitos a cobrar los cuatrocientos mil.

BIENVENIDO   *(Alegrándosele la cara.)* ¡No jodas…! ¿Qué me lo dices en serio…?

TERESO   Sí, Bienve, sí, amigo…, que estoy mu arrepentío de lo que hice ayer.

LISARDA   *(Sospechando de* TERESO.*)* Coño, coño…, que mal me huele…

TERESO   Pues yo ahora sí que no me he peído, ¿eeeh…?

BIENVENIDO   Ni yo tampoco. A mí que me registren, como decía aquel.

LISARDA   No, si no me refiero a eso. Lo que quiero decir es que yo no me fiaría ni un pelo de este tío asqueroso.

BIENVENIDO   *(Levantándose otra vez de repente, echando mano el papel higiénico y yéndose corriendo.)* ¡Me cagüen la leche jodía, otra vez!

          (Sale por la derecha.)

TERESO   Pero bueno, ¿qué le pasa a ese?

LISARDA   Que se va de vareta, je, je, je…

TERESO   No me jodas…, ¿este también…? (*Haciendo cábalas.*) Entonces eso va a ser la pócima esa que nos dio el argentino.

LISARDA   Ah, coño…, ¿que tú también estás igual?

TERESO   Allá penas… A ti te lo voy a contar, pa que te cachondees de mí.

LISARDA   Je, je, je… No, no, si ya me estoy cachondeando, je, je, je…

TERESO   Me cagüen la leche, pa qué habré dicho na.

LISARDA   ¡Pero qué inoraaaantes…! Je, je, je…

TERESO   Pa qué queremos más… Pero ¿quién me mandará a mí decir na delante de esta víbora.

LISARDA   ¿Dónde vais vosotros ya, carcamaaales…? Bien se reiría de vosotros el cascante.

TERESO   Allá penas. ¿A ti qué coños te importa?

LISARDA   ¿A mí…? Ya ves tú, je, je, je…, poco mal que me ha venío pa reírme yo también de vosotros, je, je, je…

TERESO   A lo mejor *te se* atraganta la risa. Porque ahora a lo primero nos ha dao descompostura, pero a lo mejor poco a poco se va alegrando el lagarto y cuando acabemos el frasco se ha espabilao del to y está igual que cuando teníamos veinte años.

LISARDA   Je, je, je… Pero ¿es que lo vas a seguir tomando, so inorante?

TERESO   Hombreee, como lo sabes. Hay que aprovechar los cincuenta euros, no te jode.

LISARDA   Pues nada, nada, tú sigue con ello, pa que yo me siga riendo tos los días, je, je, je…

TERESO   A lo mejor te llevas una buena *sospresa*, ¡so liiista!

(*Llega* BIENVENIDO, *abrochándose el pantalón.*)

BIENVENIDO   Cagüen dies…, vaya un ajetreo, muchacho.

(*Vuelve a sentarse.*)

LISARDA   Je, je, je… ¿Quién sus manda a vosotros fiaros de ese charlatán…?

TERESO   ¿Así que tú también estás con el vientre suelto…?

BIENVENIDO   ¿Que es que tú también lo estás…?

TERESO   ¡Vamos! Dende anoche que me tomé la *cuchará* de la cosa esa que nos vendió ese bigardo, habré ido al wáter lo menos cinco veces.

LISARDA   *(Estará todo el tiempo, mientras lo hablan, con la risita permanente.)* Je, je, je, je….

BIENVENIDO ¿Cinco veces…? ¡Toa la noche me he tirao yo con el culo en pompa!

TERESO   ¡No jodas…! Se conoce que tú tendrás el vientre más delicado.

BIENVENIDO ¡Qué leches voy a tener el vientre más delicado…! Lo que pasa es que yo no me tomé una *cuchará*…, ¡yo me tomé medio frasco de un boleo!

TERESO   ¡No jodas…!

LISARDA   Je, je, je…Pues mira…, por angustioso, je, je, je…

BIENVENIDO Yo no sé de dónde saldrá tanto con lo poco que cené.

TERESO   Oye… ¿Y qué…? ¿Te *levantastes* «contentillo»?

BIENVENIDO Calla, chico, calla… ¡Me levanté igual que un borrico entero!

TERESO   ¡No jodas…! Pues yo me vi negro pa en-
               contrármela, como tos los días.

LISARDA   Je, je, je, je…

BIENVENIDO   Lo malo es que lo estaba soñando, que no
               me había levantao *entodavía*.

TERESO   ¡No jodas…!

LISARDA   ¡Ah, coño! Je, je, je, je…

BIENVENIDO   Cuando me levanté de verdad fue pa salir
               corriendo, que me iba la pata abajo.

TERESO   ¡Me cagüen la leche…! Pero ¿te *levantastes*
               «contentillo» o no?

BIENVENIDO   ¿Contentillo…? ¡Me levanté medio lloran-
               do, no te jode!

TERESO   No, si digo… «la herramienta».

BIENVENIDO   También, también… También medio llo-
               rando.

TERESO   ¡Cagüen to lo que se menea…!

BIENVENIDO   Pues sí, esta vez sí… En to lo que se menea…
               y en to lo que no se menea también. Yo no
               sé lo que habré echao ya por mi cuerpo.

TERESO   ¡La madre que los parió! ¡Al genio… y al argentino! Ahora, que yo te voy a decir una cosa: «yo me lo voy a seguir tomando hasta el final, a ver qué pasa».

BIENVENIDO Pues yo ya me he quedao bien *arrecostao*.

LISARDA   Je, je, je… Cuidao que sus lo avisé…, pero nada, sus tuvisteis que hacer caso de ese charlatán.

BIENVENIDO Pero fue del jodío genio del que me hice caso, me cagüen *dies*…

LISARDA   Pero si eso lo *soñastes*, tonto el bolo.

BIENVENIDO ¡Que no, coño, que lo vi yo tan clarito!

LISARDA   Pues mira…, na más que veas el resultao.

BIENVENIDO (*Acordándose de pronto y alegrándose.*) ¡Bueno…, vamos a ver el segundo! (*A* TERESO.) Entonces… ¿dices de verdad que me das la mitad de los cuatrocientos mil?

TERESO   Que sí, coño…, en cuando me des los mil euros tuyos. Si ya te digo que no lo fui a cobrar porque me *arremordía* la *concencia*.

BIENVENIDO Pues vamos allá, que hoy sí que me ha dao mi nuera la cartilla pa ir a cobrar la pensión, je, je…

TERESO (*Poniéndose en pie.*) Pues venga, vamos.

BIENVENIDO (*Hace intención de levantarse pero* LISARDA *lo para.*) Hala, venga.

LISARDA Pero ¿qué te vas a fiar de verdad de ese tío asqueroso?

TERESO (*A* LISARDA.) No malmetas, víbora, no malmetas… (*A* BIENVENIDO.) No *la* hagas caso, Bienve, amigo, no *la* hagas caso, que ya sabes que te lo dijo el genio. Joer no creo que haya metío la pata también con el segundo deseo.

BIENVENIDO (*Pensando.*) Pues no sé qué decirte…, porque estoy pensando que mi nuera *entodavía* seguía allí en mi casa y no ha desaparecío, como me dijo el genio…

TERESO Coño, pero seguro que cuando llegues después de cobrar la lotería, ya no está. La cosa ira por turno, bolo.

BIENVENIDO (*Sigue pensativo.*) Eso también es verdad. El tercero tendrá que cumplirse después del segundo.

TERESO ¡A ver, bolo! Venga, vamos.

BIENVENIDO (*De nuevo hace intención de levantarse pero* LISARDA *le vuelve a parar.*) Hala, sí.

LISARDA   Hombre…, entonces, el segundo tendrá que cumplirse después del primero, ¿no…? Y el primero todavía no se ha cumplío.

BIENVENIDO   (*Volviendo a quedarse pensativo.*) Eso también es verdad, leche.

TERESO   (*Aparte.*) ¡La madre que la ha parío a la jodía Zurraspa!

BIENVENIDO   (*Otra vez se levanta de repente y sale corriendo con el papel higiénico.*) ¡Cagüen dies, otro apretón!

TERESO   (*Aparte.*) La jodimos…

(*Se sienta.*)

LISARDA   Pero que sinvergüenza…, como le quieres engañar al hombre.

TERESO   Pero leche…, tan mal como te llevabas con él ¿y ahora es amigo tuyo…?

LISARDA   Hombre, no es amigo mío, pero más que tú sí.

TERESO   Venga, mujer, que me va a matar mi hija como vea que me han timao dos mil euros.

LISARDA   ¡No caerá esa breva! Pero, vamos…, que te va a matar igual aunque recuperes mil, je, je, je…

TERESO   Yaaa…, pero digo yo que me matará un poco menos. Venga, mujer…

LISARDA   ¡Que no, coño! Que por mí cuanto más te mate mejor.

TERESO   Bueno, pues me conformo con recuperar ochocientos. Te doy doscientos pa ti.

LISARDA   (*Muy seca. Erguida.*) Quinientos.

TERESO   No me jodas, como te voy a dar la mitad… Venga, anda, te doy trescientos.

LISARDA   (*Sigue firme, impávida.*) Quinientos.

TERESO   (*Aparte.*) ¡La madre que la parió a la jodía Zurraspa!

LISARDA   (*Estirando el oído.*) ¿Has dicho algooo…?

TERESO   ¿Eeeh…? (*Disimulando malamente, sacudiéndose en los hombros.*) Noo…, que…, que tengo un montón de caspa.

LISARDA   (*De nuevo erguida e impávida.*) Quinientos.

TERESO   Pero, Lisarda, jolines, cómo voy a recuperar solo quinientos…

LISARDA   Algo es algo, dijo un calvo.

TERESO   (*Resignado.*) Veeenga…, pues quinientos. Pero no *te se* ocurra volverle a quitar las ideas.

(*Aparece de nuevo* BIENVENIDO *abrochándose los pantalones.*)

LISARDA   Je, je, je… Vaya un trajín que te traes, jodío.

BIENVENIDO Calla, chica, calla…

TERESO   Hala, venga, vámonos ya.

BIENVENIDO Chsssss…, piano, Tereso, piano… (*Se sienta él y se sienta también* TERESO.) Que estaba pensando según cagaba…, que ¿pa qué vamos a tener que ir a por los mil euros míos pa luego tenernos que ir a cobrar los cuatrocientos mil…?

TERESO   Hombre… porque yo he pagao dos mil por el décimo. Lo suyo es que tu pagues la mitad de los dos mil, pa luego llevarte la mitad de los cuatrocientos mil.

BIENVENIDO Leche…, pero ¿pa qué vamos a hacer dos viajes a lo tonto…? Nos vamos directamente a la agencia de la lotería, tú cobras los cuatrocientos mil y a mí en vez de darme luego la mitad me das la mitad menos los mil… y santas pascuas.

LISARDA   (*Aparte.*) Je, je, je…

TERESO   (*Sin saber por dónde salir. Nervioso, azara-
                 do.*) Eeeee…, pues…, hombre…, Bienve…,
                 amigo…, yo creo que lo suyo es que me des
                 primero los mil tuyos y ya cobramos los dos
                 los cuatrocientos mil.

BIENVENIDO   Tere…, amigo…

TERESO   Dime, Bienve.

BIENVENIDO   ¡Que te ha pillao el guarda!

TERESO   ¿Eeeeh…?

LISARDA   Je, je, je…

BIENVENIDO   ¡Te ha pillao el guarda, jodío egoiiiiista! Tú
                 fuistes ayer a cobrarlo como un clavo y re-
                 sulta que ni estaba premiao ni leches… ¡Va-
                 mos que era un timo, como decía la Lisarda!

TERESO   Pero, Bienve, amigo…, ¿te vas a fiar de esa
                 víbora?

BIENVENIDO   Tere…, amigo…, si yo no me fío de nadie,
                 lo que pasa es que, no sé por qué será, pero
                 cagando se cabila mejor y he caído ense-
                 guida en la cuenta.

LISARDA   Je, je, je…

(*De repente,* Tereso, *que se había empezado a poner muy nervioso, hace un aspaviento y se levanta rápidamente.*)

TERESO   ¡Me cagüen la leche! ¡Ahora me ha dao a mí el apretón! (*A* Bienvenido.) Bienve, amigo…, déjame el papel higiénico.

BIENVENIDO   Tere…, amigo… ¡Te vas a ver negro!

TERESO   Por tu madre, Bienve…, que no tengo con qué limpiarme.

LISARDA   Je, je, je, je…

BIENVENIDO   Allá penas, Tere… Te limpias con un cascote.

TERESO   (*Se va corriendo.*) Aaaaay…, que no llego…

LISARDA   Je, je, je, je…

BIENVENIDO   La leche que le han dao a tu consuegro. ¡Menuda pieza!

LISARDA   Eso no sabe nadie na más que yo que le tengo que aguantar tos los días.

BIENVENIDO   Y parecía tonto…

LISARDA   No, si lo es… Si tonto también es. ¡Y mucho! A este le pilla de to, igual que a su hija.

BIENVENIDO   Jee…, cómo me la quería liar.

LISARDA   No, si es que si no es por mí, que te parao dos o tres veces, te la había liao, jodío bolo.

BIENVENIDO   Pues también tiés razón. Si no es por ti me la había liao. Te perdono la escalabraura, fíjate lo que te digo.

LISARDA   Je, je, je… Si me ha querío hasta comprar, je, je, je…

BIENVENIDO   ¡No jodas…!

LISARDA   ¡Vamos! Cuando te has ido con el apretón, me ha llegao a dar hasta quinientos euros de los mil que le ibas a dar pa que me callara y no te quitara las ideas.

BIENVENIDO   ¡La madre que le parió…! ¿Me lo dices de verdad…?

LISARDA   ¡Vamos que te lo digo de verdad!

BIENVENIDO   Pero tú no te has vendío…

LISARDA   ¡Amos no jodas…! No tengo yo que hacer otra cosa na más que venderme yo a ese asqueroso. Ya le he dicho: «prefiero que me dé Bienvenido los cincuenta esos que le has dao, antes que cogerte a ti los quinientos».

BIENVENIDO ¡Me cagüen dies, eso está hecho! ¡Vaya una tía cabal! (*Se saca los cincuenta del bolsillo y se los da.*) Toma, que te los has ganao bien ganaos.

LISARDA (*Cogiéndolos y guardándoselos.*) Gracias, hermoso.

BIENVENIDO Menos mal que tengo que ir a cobrar la pensión y cogeré los cien euros pa comprar las dos garrafas de aceite, que si me presento otra vez hoy sin ellas me mata mi nuera.

LISARDA A ver…, lo coges de lo que cobres de pensión y ya está.

BIENVENIDO Lo malo es que este mes no me voy a poder comprar ni una bolsa de pipas, porque eso es lo único que me da tos los meses pa mis gastos.

LISARDA No fastidies… ¿Solo te da cien euros a ti y ella se queda con toa la pensión?

BIENVENIDO ¡Vamos!

LISARDA Bendito sea Dios Señor… Entonces sí que va a ser verdad que la tuya es peor que la mía todavía.

BIENVENIDO Si ya te lo dije, bolo, que la mía es la peor nuera del mundo.

LISARDA   (*Sacándose del bolsillo los cincuenta euros y dándoselos.*) Toma, anda, toma…, pa que tengas algo por lo menos pa tus gastos este mes.

BIENVENIDO   (*Asombrado, sin poder dar crédito.*) Si no lo veo… no lo creo. Con la mala hostia que tienes y luego resulta que eres hasta buena persona.

LISARDA   No te los tenía que haber dao por llamarme Zurraspa, pero bueno…, con la escalabraura tienes ya suficiente.

BIENVENIDO   (*Todavía alucinando.*) Cagüen dies…, yo creía que era mu mala y resulta que te pilla de to, como a tu consuegro, pero a ti to bueno: cabal, buena, guapa…

LISARDA   ¡Anda, anda…! No seas pelotas a ver si me voy a arrepentir todavía.

     (*Por la derecha aparece* TERESO, *sin parar de rascarse el culo,*)

TERESO   Me cagüen la leche, ¡que picores!

LISARDA   Pero bueno…, ¿qué te pasa, esperpento?

TERESO   Pues que me he tenío que limpiar el culo con un manojo de *yerbulajos* que he *arrecogío* de por allí y resulta que entremedias había maragatos y me han dejao to el culo lleno de ronchas.

BIENVENIDO   ¡Jodete! ¡Egoiiiiiiista!

LISARDA   Je, je, je…

(TERESO, *se sienta, pero sigue sin parar de rascarse. Por el patio de butacas llega* FEDE, *el argentino, con su bolsito de la mano, intentando vender sus frascos entre el público.*)

FEDE   (*Voceando.*) ¡Atención, por favor! Soy Federico Diego Armando Leonardo Simeone Valdano. Soy representante de los dos laboratorios más prestigiosos del mundo en cuestiones sexuales: Laboratorios Pichoprrilla, S.L., especializados en disfunción eréctil y Laboratorios Chumino, S.A., especializados en trastornos de la sexualidad femenina. ¿Alguno de los caballeros aquí presentes tiene problemas de impotencia? ¿El «monaguillo» está remolón a la hora de levantarse? (*Sacando del bolsito un frasco y mostrándolo.*) Con mi pócima milagrosa se espabilará enseguida. ¡Vamos, no tengan vergüenza, no sean boludos! ¡Nunca es tarde si la pi…, perdón, si la «dicha» es buena! Entre las señoras, ¿alguna está preocupada porque se le ha secado el huerto o simplemente tiene la lívido por los suelos? Aquí les traigo esta portentosa crema que acabará con la sequía y levantará su moral por las nubes. ¡Anímense, señoras y caballeros!

(*Al acercarse más al escenario,* LISARDA *lo reconoce.*)

LISARDA   ¡Coño! ¿Qué no es ese el argentino charlatán?

(*Los dos vejetes le observan.*)

BIENVENIDO   ¡Claro que es ese!

TERESO   ¡Ese es!

BIENVENIDO   (*Levantándose enseguida.*) ¡Me cagüen la madre que le ha parío! ¡Se va a enterar ese de lo que vale un peine!

TERESO   ¡A por él!

(*Los dos bajan deprisa del escenario, con intenciones mal disimuladas.*)

BIENVENIDO   ¡Ven aquí, machote, que te vamos a comprar nosotros un frasco!

TERESO   ¡Sí, sí, véndenos otro jarabe!

FEDE   (*Al verlos venir.*) ¡La concha de su madre! Me rajo de acá, que estos dos no vienen con buenas intenciones…

(*Se va yendo.*)

BIENVENIDO ¡No te vayas, hombre, no te vayas!

TERESO ¡Espera, véndenos otro jarabe de esos!

FEDE (*Sigue retirándose más.*) Nooo…, lo siento caballeros, ya se me terminaron los jarabes.

BIENVENIDO Pues espérate, hombre, que queremos saludarte.

FEDE ¿Vos *creés* que soy boludo…? Vos *querés* atizarme con el garrote.

BIENVENIDO ¡Que no, bolo! ¡Solo queremos darte nosotros a ti un poco de jarabe de garrota!

(*Definitivamente* FEDE *echa a correr y los dos vejetes le persiguen, también corriendo, con sus lógicas limitaciones, garrota en alto.*)

TERESO ¡No huyas cacho cabrón, no huyas!

BIENVENIDO ¡No huyas, *dejraciao*…, que me has hecho de escagarruciarme vivo, pero ahora me voy a cagar hasta en la madre que te ha parío como te pille!

(*Salen los tres por la puerta del patio de butacas.* LISARDA, *que no ha parado de reír observando todo desde arriba, se levanta y se dirige al público para rematar la función.*)

LISARDA   Je, je, je… *(Con tono sarcástico.)*
«Vaya un final cojonudo,
dos bolos tras un boludo».
Mira, me ha salío una poesía, je, je, je…
Pues sus voy a decir otra pa rematar la función:
«Y con esto y un bizcocho,
hasta mañana a las…»
(Se supone que todo el mundo contestará: «¡A las ocho!» Pero LISARDA *apostillará.)* No…
¡Ni a las ocho ni ostias! Mañana no me esperéis, que mañana no vengo, je, je, je…¡Ahí sus quedáis!

(Sale. Se cierra el telón

Fin

―――――――――――――

Nota:

(En el caso de que sí que se repitiera la función al día siguiente, al contestar la gente «a las ocho», LISARDA *les rectificaría.)*

LISARDA   ¡No, a las nueve! *(O a la hora que fuera, si es que fuese otra.)* Je, je, je…¡Ahí sus quedáis!

(*Y si diera la casualidad de que sí que se repitiese al día siguiente y la función fuese a las ocho, simplemente diría el final.*)

LISARDA   Je, je, je…¡Pues ahí sus quedáis!

(*Se cierra el telón.*)

Fin.

Esta primera edición de
Cuatro «bolos» en Madrid, de José Cedena,
terminó de imprimirse en diciembre de dos mil veinticuatro
en Madrid.

¡Ssssssh hhhhhhhhhhh!

Haz del teatro algo íntimo

Llévalo siempre en el bolsillo

Cubierta y diseño editorial: Éride, Diseño Gráfico
Dirección editorial: ángel jiménez
Dirección de la colección: Ramón Paso
Maquetación: Ana Azorín

Primera edición: octubre, 2025

Otra vuelta de tuerca
© Ramón Paso
© Del prólogo: José Carlos Somoza
© VdB, 2025
Espronceda, 5
28003 Madrid

VdB®

ISBN: 979-13-87644-54-3
Depósito Legal: M-22497-2025
Diseño y preimpresión: Éride, Diseño Gráfico

Este libro protege el entorno

De Ramón Paso
basada en la novela
de
Henry James

Ramón Paso
(Madrid, 1976)

Dramaturgo, guionista y director de escena. Nieto de Alfonso Paso y bisnieto de Enrique Jardiel Poncela.

Cuenta a sus espaldas con más de cincuenta montajes teatrales, tanto como dramaturgo, director de escena o en ambas funciones, entre los que podemos destacar títulos como *El reencuentro, El mensaje, Dos locas de remate, La importancia de llamarse Ernesto, Usted tiene ojos de mujer fatal... en la radio, Otelo a juicio, Blablacoche, Papá es Peter Pan y lo tengo que matar, La ramera de Babilonia, Drácula. Biografía NO autorizada, Lo que mamá nos ha dejado, El secreto, Huevos con amor, Jardiel enamorado* o el musical *Desencantadas.* Por otro lado es responsable de las últimas versiones estrenadas de *Eloísa está debajo de un almendro* de Jardiel Poncela, *Otra vuelta de tuerca* de Henry James, *Sueño de una noche de verano* de William Shakespeare o *Tragedia española* de Thomas Kyd.

Además, ha trabajado como guionista de televisión para algunas de las más importantes productoras audiovisuales del país.

Desde 2016 hasta 2018 trabajó en el Centro Dramático Nacional como asesor de dramaturgia, bajo las órdenes de Ernesto Caballero.

Henry James
(1843 - 1916)

Escritor y crítico literario estadounidense, considerado uno de los grandes novelistas de la literatura anglosajona, y uno de los maestros de la ficción moderna.

Nació en Nueva York en 1843. Estudió en Nueva York, Londres, París y Ginebra, y en 1875 se estableció en Inglaterra, adquiriendo la ciudadanía británica en 1915. A los veinte años comenzó a publicar cuentos y artículos en revistas de su país. Su estilo narrativo se caracteriza por un profundo análisis psicológico de los personajes y la exploración del contraste entre la cultura estadounidense e inglesa. Su narrativa en general se caracteriza por el ritmo lento y la descripción sutil de los personajes, más que por los propios acontecimientos.

Autor prolífico, escribió una veintena de novelas, más de un centenar de relatos, varias obras teatrales e innumerables críticas y ensayos.

Entre sus obras más destacadas se encuentran las novelas *Daisy Miller* (1878), *Retrato de una dama* (1881), *Otra vuelta de tuerca* (1898) y *Los embajadores* (1903); y los ensayos *El arte de la novela*, *La imaginación literaria* y los *Cuadernos de apuntes*.

Murió en Londres en 1916, dejando un legado literario que influyó en la novela moderna.

Ramón Paso

Otra vuelta de tuerca

basada en la novela
de
Henry James

Esta función se estrenó en el Teatro Lara de Madrid
el 2 de noviembre de 2022,
con el siguiente reparto, por orden de intervención,
Jessel (Ana Azorín), **Flora** (Silvia Carrascosa), **Grose** (Inés Kerzan),
Abigail (Ángela Peirat), **Douglas** (David DeGea),
Julia (Clara Romeu) y **Quint** (Guillermo López-Acosta).

Dirección: Ramón Paso.

Otra vuelta de tuerca del americano que emigró a Inglaterra, Henry James, ha sido llevada prácticamente a todos los medios artísticos, creo que falta el ballet: hay ópera, magnífica, de Benjamin Britten, y hay adaptaciones al cine, la televisión y el teatro. Sin embargo, aquí estamos ante una adaptación muy especial, una adaptación que juega no ya solo con las implicaciones de la obra, sino que es muy consciente de que se trata de teatro. Y un teatro es siempre una celebración ritual en la que un público contempla unas acciones en un medio determinado. A diferencia del cine o la televisión, el teatro tiene una inmediatez extraordinaria y puede realizarse en mitad de un campo y solo con dos personas: una que mire, y otra que haga. El teatro de Ramón Paso se caracteriza por su propia conciencia teatral, es decir, la conciencia que tiene el teatro de serlo. Esto hace que sus montajes sean siempre esa celebración, ese rito que no necesita muchos actores ni tampoco escenarios, como las grandes obras de Shakespeare.

Cuando asistí a la versión teatral de Paso de *Otra vuelta de tuerca* de Henry James, me pareció estar en ese ritual: la sala era pequeña, y, de repente, se apagaba por completo, y la labor de los actores, espléndida, y la certera dirección de su director, hacían de la obra una pieza por sí misma, con autonomía, independiente de su fuente original, que aprovechaba las circunstancias de esos rituales escénicos para producir verdadero miedo, e inducir a pensar en por qué la oscuridad, por qué esa ausencia de aquello que nos revela el mundo, que es la luz, nos produce esa enorme inquietud que bien manejada puede transformarse en algo mucho más atemorizador que cualquier película de terror. Paso logra aquí regresar a ese ritual primigenio grecolatino en el que las antorchas iluminaban solo pálidas figuras. Tengo la convicción de que los fantasmas nacieron ahí, y que el mundo victoriano lo único que hizo fue transformarlos en seres que habitaban novelas y relatos. Pero el verdadero fantasma –el hamletiano– nace en el teatro. Y Ramón Paso, como siempre, sabe invocarlos.

Pero ¿qué ocurre con la versión del montaje original que el lector tiene en sus manos? Creo que esta versión ayudará a entrar en ambos mundos: por un lado, estaremos en el universo literario desde el siglo XIX hasta nuestros días, en el que los fantasmas se deslizaban entre las líneas de escritores como M. R. James –que no tiene nada que ver con el Henry que escribe la obra original–, Sheridan Le Fanu, Bram Stoker, etc. Y por otro lado, estaremos presentes, como yo lo estuve, en el momento de la actuación donde las extraordinarias actrices de Paso, que hacían papeles tanto de institutriz madura como de niña, tejieron un mundo de sombras y de inquietud constantes en la obra. Aderezado todo con unos efectos sorprendentes que contaban con una mínima ayuda y que casi podían pertenecer a los que vemos en el circo o en una fiesta privada, con sombras, luces proyectadas en la pared, apagones súbitos, etc. Paso consigue el milagro de transmitir el miedo original de la obra, considerada una de las obras más terroríficas de la historia de la literatura, de una forma extraordinariamente sorprendente e inquietante. Espero que el lector aquí obtenga ambas cosas: la clarísima indagación de Paso en el texto original y en las intervenciones de los personajes, y el sentimiento único de estar participando de un ritual que en tiempos muy remotos fue muy serio, con sangre, oscuridad a la luz de las antorchas y cuerpos sacrificados, y que ahora Ramón Paso nos ha traído de nuevo y lo ha devuelto al lugar al que pertenece. Ramón Paso ha dado una vuelta más de tuerca en el miedo y en el arte de los espectadores.

José Carlos Somoza.

Por orden de intervención

Señorita Jessel

De nombre propio Clarice, en vida fue una mujer singular, ahora es un espectro insidioso, envidioso de la carne. 33 años.

Flora

Una niña inteligente, aficionada a los puzzles, de 13 años recién cumplidos. Ha contemplado la oscuridad y se ha sentido atraída por ella. Tiene la capacidad de adivinar lo invisible.

Anne Grose

Encargada de Bly Manor, mentora de Flora en el mundo invisible, y, por encima de todo, protectora de las niñas. 35 años.

Abigail James

Profesora de francés. Carga con la muerte de una hermana a la que no supo proteger. Un ser de luz inmerso en una historia que pondrá a prueba sus sombras. 33 años.

Señor Douglas

De nombre Henry, es el tío de las niñas. Un hombre asustado. 30 años.

Julia
La novia que desea Peter Quint, y hermana de Flora. Una niña sensible, que se ha convertido en víctima sin adivinarlo. 17 años.

Peter Quint
Un perverso en vida, y una nefanda presencia una vez muerto. 40 años.

La acción transcurre en la campiña londinense, en Bly Manor, durante el verano de 2022, y tiene lugar, principalmente, en el desván de la vieja casa de campo. Se trata de un habitáculo poco cuidado, utilizado como trastero y, antiguamente, como cuarto de juegos. Además de esto, es posible que se visiten, a lo largo de la historia, entre otros lugares, el despacho del señor Douglas y el dormitorio de Julia.

ACTO 1

Escena 1.1
Bly Manor. Desván. Oscuridad. Atardeciendo.

> *Un rumor de agua fluyendo en el ambiente. So-*
> *nido de mecedora moviéndose.*

Jessel   ¿Lo consigues?

Flora   Espera.

> (*Silencio. Luz de juguete. En la mecedora, mo-*
> *viéndose lentamente, con el rostro hierático, la*
> *señorita* **Jessel**. *En el suelo, sentada a lo indio,*
> **Flora**, *intentando descifrar un rompecabezas.*)

Jessel   ¿Lo consigues, Flora?

Flora   ¡Espera!

Jessel   ¿Es difícil?

Flora   Es muy difícil. No sé si seré capaz.

Jessel   Claro que serás capaz.

(*Silencio.*)

Flora ¿Puedo parar?

Jessel No, Flora. No puedes parar. (*Silencio.*) ¿Quieres que te cuente una historia para que el tiempo pase más rápido?

Flora ¿Otra historia sobre el agua?

Jessel ¿No te gustan las historias sobre el lago?

Flora Me dan miedo.

Jessel ¿Y qué historia quieres que te cuente?

Flora Una de una jovencita.

Jessel ¿Una niña?

Flora ¡Una jovencita!

Jessel ¿Y si en lugar de una jovencita hubiese dos jovencitas?

Flora Eso sería aún mejor.

Jessel La historia que voy a contarte solo la conozco yo. Hasta ahora.

Flora ¿Por lo espantoso?

Jessel No.

Flora   ¿Por lo aterrador?

Jessel   Por la increíble fealdad y el horror, y el inaudito dolor al que dio origen.

(*Alguien está entrando en el desván. No se le ve.*)

Grose   (*Saliendo a escena.*) Espere. No se caiga.

Jessel   (*Haciendo mutis.*) Piensa en mí, Flora. Piensa en mí.

Grose   Estas escaleras pueden ser traicioneras. Déjeme que la alumbre con el farol.

Abigail   (*Saliendo a escena.*) No se preocupe. La oscuridad no me molesta.

Grose   La casa es vieja y la instalación deja mucho que desear... Espere.

(*Mutis de* **Flora***, corriendo, y riendo, divertida.*)

Escena 1.2
Bly Manor. Desván. Luz. Atardeciendo.

En escena **Abigail** *y la señorita* **Grose**, *que apaga un farol moderno. La mecedora aún se mueve. La señorita* **Grose** *apaga la luz del juguete.*

Grose   Al final, no ha hecho falta. Se dará cuenta de que, en esta casa, la luz, igual que se marcha, regresa. (**Abigail** *se pasea por el cuarto, observando.*) Tenemos los fusibles en el sótano, y se inunda con facilidad. Se filtra el agua del lago. ¡Qué le vamos a hacer! Le he repetido al señor Douglas que había que arreglarlo, pero hasta que encontremos un sustituto adecuado para el señor Quint, imagino que seguirá así.

Abigail   ¿El señor Quint?

Grose   Entre sus obligaciones se encontraba ocuparse de ese tipo de cosas. Ya sabe usted cómo son estas viejas casas de campo. (*Silencio.*) Pero murió.

Abigail   ¿Murió?

Grose   Se cayó del caballo. Un hombre debería saber lo que puede beber y lo que no. El diablo se esconde en los recovecos de nuestras debilidades, señorita James. Un asunto desafortunado, que le agradecería que no le recordase a las niñas.

Abigail   Yo tampoco las llamaría niñas.

Grose   ¿Prefiere adolescentes? Porque le advierto que mujeres, no son.

Abigail   Chicas. Prefiero, chicas.

Grose   Bueno, llámelas como quiera, pero no saque el tema de Quint. Sobre todo con Julia.

Abigail   ¿Tenían mucha relación con él?

Grose   Flora, no... En cambio, Julia... En realidad, da igual. Le pido que no hable de ello. Ya se ha hablado en esta casa suficiente de Peter Quint.

Abigail   Ya, esas cosas son difíciles de superar...

Grose   Flora y Julia son niñas sensibles. Fuera de lo normal. Y desde la muerte de sus padres las cosas no han resultado sencillas para ellas.

Abigail   Me imagino. Tal vez sería buena idea que visitasen a un psicólogo.

Grose   No necesitan ningún psicólogo. Necesitan que se las quiera. ¿Será usted capaz de querer a dos niñas que se han quedado sin padres y que no están pasando sus momentos más fáciles?

Abigail Imagino que el tiempo lo dirá.

Grose Sí, el tiempo lo dirá.

Abigail No sé si es buena idea utilizar este desván tan... sombrío para las clases de francés. Es verano. Podríamos hacerlo al aire libre, junto al lago. Lo he visto al llegar y me parece un lugar muy bonito.

Grose Julia es asmática. Prefiero que no se acerque al lago.

Abigail El asma suele mejorar cerca del agua.

Grose En su caso, no. Empeora. Además, no sabe nadar. No permita que Julia se acerque al lago bajo ningún concepto. En realidad, ninguna de las hermanas ha de acercarse al lago jamás.

Abigail Lo tendré en cuenta. (*Paseándose por el desván, echando un vistazo.*) ¿No es peligroso que haya tantos trastos aquí acumulados?

Grose Éste era el antiguo cuarto de juegos de las niñas. Antes, cuando se encargaba de ellas la señorita Jessel...

Abigail ¿Otra profesora de francés?

Grose (*Pensativa.*) Más bien, una institutriz. Pasaba mucho tiempo aquí con las niñas. (*Recomponiéndose.*) Da igual. Cuando el señor Douglas decidió que era conveniente que recibiesen refuerzo en francés, durante las vacaciones estivales, pensé que el ambiente familiar les haría más cómodas las clases.

Abigail Si a ellas les gusta...

Grose A ellas les gusta. Pasan mucho tiempo aquí. Da igual lo que se les diga, siempre acaban en el desván. Desde... bueno... Así son las niñas. He retirado casi todos los trastos. Aun así, no permita que Flora haga saltar las trampas para las ratas.

Abigail ¿Ratas?

Grose ¿Le molestan?

Abigail Las odio. ¿A alguien le gustan las ratas?

Grose A Flora le dan lástima. Ya ve. Salta las trampas y les deja comida en las esquinas. Pronto se dará cuenta de que se trata de una niña muy sensible, amante de todo lo que está vivo y de todo aquello que crece.

Abigail Ratas.

Grose No hacen daño si no se les molesta. Además, imaginaba que usted tampoco estaría cómoda cerca del lago.

Abigail ¿Quién se lo ha dicho?

Grose   No lo recuerdo. Puede que alguien al consultar sus referencias. Disculpe, entiendo que es un asunto privado...

Abigail   Personal.

Grose   Imagino que por eso no se lo contó al señor Douglas...

Abigail   Al señor Douglas pude contarle pocas cosas, la verdad. Recuerdo nuestra entrevista, hace ya una semana, como una sucesión de altibajos, como una alternancia de momentos amables y estériles.

Escena 1.3
Ático del señor Douglas. Luz. Primera hora
de la mañana.

> *Sale a escena el señor* **Douglas***, hablando por su*
> *móvil. Le hace una seña a* **Abigail** *para que espe-*
> *re. Ella sonríe.* **Grose***, congelada, observa la esce-*
> *na.*

Douglas   Sí, Benjamin. Espero no estar más de una semana en París. Después prepáralo todo para viajar
a Nueva York. Te dejo. Sí, tengo que solucionar
el asunto de mis sobrinas. Hasta luego. (*Cuelga*
el móvil. Se dirige hacia **Abigail**.) Disculpe, ¿señorita...?

Abigail   James. Abigail James, pero llámeme Abi. Lo
hace todo el mundo.

Douglas   De acuerdo, Abi. He podido comprobar que
sus referencias son excelentes, pero en su currí-
culum no ha puesto su edad...

Abigail   Acabo de cumplir treinta y tres años.

Douglas   ¡Treinta y tres! Yo soy tres años menor que usted.

Abigail   Treinta años y con dos sobrinas adolescentes.

Douglas Mis padres me tuvieron cuando mi hermana ya había pasado los veinte. Fui un regalo no deseado. Es curioso que, aunque por edad me siento cerca de mis sobrinas, no consigo conectar con ellas. Son dos chicas... extrañas. Poco comunicativas. Solo se entienden entre ellas.

Abigail Las adolescentes son complicadas, señor Douglas.

Douglas No piense usted que por eso las quiero menos.

Abigail No lo he pensado en ningún momento.

Douglas Ellas son lo único que me queda de mi hermana. (*Recordando.*) Julia es idéntica a ella. Y Flora... bueno, Flora tiene su carácter.

Abigail Siento mucho su pérdida.

Douglas (*Pensativo.*) Hace ya tres años y parece que fue ayer. (*Volviendo en sí.*) No, no lo sienta por mí. Siéntalo por ellas. Ningún niño debería perder tan pronto a sus padres.

Abigail En cierta manera, entiendo cómo pueden sentirse.

Douglas ¿Sí?

Abigail También he perdido, bueno... perdí a alguien muy cercano.

(*Silencio.*)

Douglas   Entonces, sin duda, es usted la candidata adecuada. ¿Me ayudará, Abi, a cuidar de mis sobrinas?

Abigail   Sí, claro. Por supuesto. Cuente conmigo, señor Douglas. Le aseguro que se me da bien mi trabajo.

Douglas   No, señorita James. No me está comprendiendo. No estoy buscando solo una profesora. Yo busco a alguien que me ayude a entender a esas niñas. A entenderlas y a protegerlas. Se lo debo a mi hermana. (*Silencio.*) ¿Me ayudará?

(*Silencio.*)

Abigail   Le ayudaré.

Douglas   Gracias. (*Rompiendo el embrujo.*) La última cosa que debo advertirle es, probablemente, lo que ha desanimado a las demás candidatas. Le pido solo que me escuche y responda con un sí o un no. ¿Es posible?

Abigail   Sí, claro. ¿Por qué no?

Douglas   Me ocupan asuntos importantes en el extranjero que exigen que no sea molestado bajo ningún pretexto. No me llame ni me pida consejo, no se queje ni me escriba; resuelva por su cuenta los problemas que surjan y, en cuestiones económicas, entiéndase con mi abogado.

Abigail   Pero si pasa algo grave que…

Douglas   Un sí o un no, señorita James. Solo eso. Por favor.

(*Silencio.*)

Abigail   Sí.

Douglas   ¡Estupendo! No sabe usted cómo se lo agradezco. Mi secretaria le dará los detalles. Cuando llegue a Bly póngase en manos de la señorita Grose. Ella cuenta con mi total confianza. Gracias de nuevo. (*Iniciando el mutis.*) Quedo en deuda con usted, Abi.

(*Mutis de **Douglas**.*)

Escena 1.4.
Bly Manor. Desván. Luz. Atardeciendo.

Grose *se descongela.*

Grose   Le aseguro que puedo imaginar perfectamente cómo fue su entrevista con el señor Douglas.

(*Silencio.*)

Abigail   ¿Le ha hablado él de mí?

Grose   Le he dicho que puedo imaginarlo. Pronto descubrirá que el campo no es Londres. En Bly ocurre... lo que solo ocurre en Bly. (*Silencio.*) ¿Está usted, tal vez, casada?

Abigail   Pues no, la verdad.

Grose   ¿Y tiene, entonces, un novio, una novia, una pareja, alguien que la espera...?

Abigail   No, no lo tengo, pero tampoco creo que sea asunto suyo.

Grose   No me malinterprete, pero treinta y tres son muchos años para no haber formado una familia, señorita James. ¿Por qué prefiere cuidar a los niños de otros en lugar de tener los suyos propios?

Abigail   Enseño francés a adolescentes, no a niños, porque se me da bien, y el hecho de que haya decidido o no tener hijos no es asunto de nadie.

Grose   Siento haberla incomodado.

(*Silencio.*)

Abigail   Esto no está funcionando. Vamos a volver a empezar. (*Extendiendo la mano.*) Hola, me llamo Abi, y soy profesora de francés. Vamos a pasar mucho tiempo juntas en este caserón, a cien kilómetros de cualquier sitio donde se pueda tomar una cerveza decente, así que creo que nos interesa llevarnos bien. ¿Y tú eres...?

Grose   Le aseguro que solo me preocupa el bienestar de las niñas. No creo que sea usted una mala persona.

Abigail   Te prometo que nunca voy a hacer nada que sea malo para las chicas.

Grose   ¿Me lo promete?

Abigail   Te lo juro. Dame la oportunidad de conocerlas y aprender a preocuparme por ellas como tú lo haces. Y llámame Abi.

(*Silencio. La señorita* **Grose** *le estrecha la mano.*)

Grose   Yo soy... Anne. Anne Grose... pero prefiero señorita Grose.

(*Las dos se ríen. Oscuridad.*)

Escena 1.5
Bly Manor. Desván. Oscuridad. Atardeciendo.

Sonido de movimiento en la oscuridad.

Abigail   ¿Señorita Grose?

Grose   Espere. Estoy buscando el farol. (*Luz de farol.*) Ya está. (*Dándoselo.*) Quédeselo usted, mientras voy a arreglar los fusibles. Maldito lago.

Abigail   Pero las escaleras...

Grose   No se preocupe. Estoy familiarizada con la oscuridad de esta casa. (*Inicia el mutis.*) Para usted es nueva. Volveré lo antes posible.

Abigail   Señorita Grose...

Grose   No tema. Mientras haya luz, no puede pasarle nada malo.

Abigail   No es eso. Las chicas saben... ¿saben lo que le ocurrió a mi hermana?

(*Silencio.*)

Grose   No.

Abigail   Gracias. (*Mutis de la señorita* **Grose**. *Oscuridad. Silencio. ¡Ratas!* **Abigail** *gira*.) ¡Mierda! (*Subiendo el tono*.) ¿Señorita Grose? (*Para sí*.) Mierda. ¡Putas ratas de mierda!

(**Abigail** *gira alrededor con el farol, intentando cubrir de luz todo el desván. Un rumor de agua fluyendo en el ambiente. De pronto, en uno de esos giros, ve a la señorita* **Jessel** *de pie, mirándola con el gesto frío.* **Abigail** *grita*.)

Jessel   ¿Ha venido, tal vez, a cuidar de las niñas?

Abigail   Discúlpeme. Siento haber gritado. No sabía que hubiera nadie más en el desván.

Jessel   ¿Le importa lo que les pase a esas niñas?

Abigail   ¿Quién es usted?

(*Silencio*.)

Jessel   ¿Le importa lo que alguien pueda hacerles a las niñas?

Abigail   (*Subiendo el tono*.) ¡¿Señorita Grose?! (**Jessel** *extiende la mano y avanza hacia* **Abigail**. **Abigail** *retrocede, nerviosa, tropezando y cayéndose al suelo. El farol, encendido, gira.* **Abigail** *corre a cogerlo. Enfoca, y donde antes estaba* **Jessel**, *ahora está* **Flora**.) ¡Joder!

Flora   ¡Siento mucho haberla asustado! (*Retrocede, tapándose la boca.*) ¡Perdóneme! He oído ruido en el desván y he pensado que, a lo mejor, alguien se había hecho daño en la oscuridad. No quería asustarla.

Abigail   No te preocupes, es que... ¿Quién era la mujer que estaba aquí?

Flora   ¿Aquí?

Abigail   Sí, ¿quién era?

Flora   Aquí no hay nadie. Solo estoy yo. ¡¿Ha venido a cuidarnos?!

Abigail   He venido a ayudaros, pero esa mujer...

Flora   ¡¿Es usted la señorita James?!

Abigail   Sí, pero llámame Abi. Todo el mundo lo hace. Y, claro, tú eres...

Escena 1.6
Bly Manor. Desván. Luz. Atardeciendo.

Regresa la luz.

Flora   ¡Flora!

Abigail   ¡Flora! ¡Estaba deseando conocerte!

Flora   ¿Ah, sí?

Abigail   Tu tío me ha hablado mucho de ti.

Flora   (*Con melancolía.*) ¿Seguro?

Abigail   Seguro. (*Silencio.*) A su manera.

Flora   (*Sonriendo.*) Eso sí puede ser.

Abigail   He debido de parecerte una estúpida.

Flora   ¿Por el grito?

Abigail   ¿Se ha oído mucho?

Flora   Un poco, pero no me ha parecido usted una estúpida. Cualquiera habría gritado. (**Abigail** *sonríe.*) Esta casa da miedo a veces.

Abigail   ¿Por la oscuridad?

Flora   Por las cosas que viven en la oscuridad.

Abigail   Las ratas.

Flora   (*Muy contenta y emocionada.*) Las ratas son maravillosas. Son muy listas.

Abigail   ¿Qué más te gusta, además de las ratas? (*En francés.*) En francés.

Flora   (*En francés.*) Me gustan muchísimas cosas. Me gusta pasear, leer, me gusta hacer galletas, resolver ecuaciones y, sobre todo, los puzzles y rompecabezas...

Abigail   (*Riendo.*) Para, para, para. Tú no necesitas refuerzo en francés, Flora. Pero si lo hablas mejor que yo. ¿Cuántos años tienes?

Flora   Acabo de cumplir trece.

Abigail   Parece mentira. Estás muy adelantada para tu edad.

Flora   ¡Entonces podemos ser amigas!

Abigail   Claro que sí. ¿Tienes muchas amigas?

Flora   (*Jugueteando, nerviosa, con el rompecabezas.*) Supongo.

Abigail   ¿A tu hermana se le da tan bien el francés como a ti? (**Flora** *niega con la cabeza.*) Pero es buena estudiante. (**Flora** *mira hacia la mecedora y asiente.*) Ella seguirá en el internado otro mes, ¿verdad? (**Flora** *asiente.*) Bueno, esperemos que aproveche estas semanas que le quedan antes de reunirse con nosotras para estudiar. (**Flora** *mira hacia la mecedora. Se encoge de hombros.*) ¿Y le gusta el francés o me lo va a poner difícil?

(**Flora** *vuelve a mirar hacia la mecedora.*)

Flora   (*En francés.*) Sí, señorita.

Abigail   ¿Me lo va a poner difícil?

Flora   (*Tras mirar a la mecedora.*) Mucho.

Abigail   (*Por el rompecabezas.*) ¿Qué es eso con lo que juegas?

Flora   Es un... (*Mira a la mecedora. Silencio.*) Regalo.

(**Flora** *sigue con la mirada a alguien que se marcha desde la mecedora. Mira a* **Abigail** *y sonríe. Sale a escena la señorita* **Grose**. **Flora** *esconde el rompecabezas tras de sí, como cogida en falta.*)

Grose   Así que ya se han conocido ustedes.

Abigail   Sí, Flora ha venido a salvarme.

Flora   Usted no necesita que la salven, señorita James.

Abigail   Abi.

Flora (*Sonriendo.*) Abi.

Grose De ninguna manera vas a llamar Abi a la señorita James. En realidad, ni yo misma debería hacerlo. (*Por la hora.*) ¿Bajamos a merendar?

Abigail Es una muy buena idea. ¿Te apetece, Flora?

Flora ¡Me encantaría! Y después de merendar, podría enseñarle la casa.

Abigail Estupendo. Tenemos un trato. (*Inicia el mutis, pero se detiene.*) Señorita Grose, ¿hay alguien más en la casa?

Grose No, solo nosotras. Bueno, y el jardinero, que trabaja hasta el viernes. ¿Por qué?

Abigail Me he cruzado con una mujer.

Grose ¿Una mujer?

Abigail Sí. Me ha parecido ver a alguien. Era... A ver... una mujer rara, que me ha preguntado sobre las chicas...

Grose ¿Aquí?

Abigail Aquí mismo. Justo antes de que apareciese Flora.

Grose   Flora, ¿te has cruzado con alguien al subir las escaleras del desván? (**Flora** *niega con la cabeza.*) Ya ve. Es imposible.

Abigail   Te aseguro que he visto a una mujer.

(**Abigail** *inicia el mutis hacia las cajas.*)

Grose   ¡Tenga cuidado! (**Abigail** *se detiene, sorprendida.*) Por los trastos y las ratas…

(**Abigail** *echa un vistazo por el desván.*)

Abigail   No hay nadie.

Grose   Ya se lo he dicho.

Abigail   Estoy casi segura de haber hablado con una mujer.

Flora   Casi.

Grose   Le diré al jardinero que eche un vistazo a la verja, por si alguien se ha colado, pero me extrañaría mucho.

Flora   ¡Me muero de hambre! ¡Vamos a merendar!

Abigail   Sí, vamos a merendar, y luego me enseñas la casa, Flora.

Flora   Usted primero, señorita James.

Abigail (*Confidencial.*) Abi.

Flora (Igual, sonriendo.) Abi.

(*Mutis de* **Abigail**.)

Escena 1.7
Bly Manor. Desván. Luz. Atardeciendo.

> *Flora inicia el mutis. La señorita* **Grose** *la detiene cogiéndola de la mano.*

Grose   Flora, ¿te gusta la señorita James?

Flora   (*Tras asentir con la cabeza.*) Sigue muy triste por la niña que vive debajo del agua y que no puede salir.

Grose   ¿Has vuelto a verla?

Flora   Sí, anoche. En un destello. ¿Usted también la ha visto?

Grose   Sí, yo también he tenido ese destello.

Flora   No me gusta tener destellos.

Grose   Ya sabes que no pueden hacerte daño, Flora. Al menos, no creo que pueda ocurrir.

Flora   Y cuando he saludado a Abi... a la señorita James, el destello ha vuelto. Más fuerte. No consigue olvidarla. A la niña. ¿No me dijo usted que había que olvidar a la gente que se había muerto? (*Pausa.*) Como mis padres.

Grose   Te lo dije, pero no todo el mundo puede.

Flora   Ya.

Grose   Pero hay que hacerlo, Flora. Es imprescindible que no pensemos mucho en los que se han muerto.

Flora   Es que una persona puede morirse y no marcharse.

Grose   ¿Has vuelto a jugar con el cubo? (*Silencio.*) ¿Me lo dejas?

Flora   Ya sabe que no puedo. A ella no le gustaría.

              (**Flora** *hace mutis, corriendo. Silencio.* **Grose** *mira alrededor. Comienza a sonar el silbido de Peter* **Quint**.)

Grose   (*Encendiendo el farol.*) ¡Calla, calla, cállate, maldito!

              (*La señorita* **Grose** *hace mutis hacia el silbido.*)

Escena 1.8
Bly Manor. Desván. Luz. Mediodía.

Comienza a amanecer. Sale a escena **Abigail**.

Abigail   Esa misma tarde, Flora me enseñó la casa, y como decía la señorita Grose, allí no había nadie más que nosotras. Imagino que alguna pobre muchacha se coló en Bly, creyéndola vacía, con la intención de llevarse algunas baratijas, y su encuentro conmigo la asustó. En ese momento, no se me ocurrió otra explicación. Mis primeros diez días en Bly Manor fueron casi unas vacaciones. La señorita Grose, a pesar de su recibimiento, ¡tan desagradable y frío!, se había convertido en una buena compañera y casi en una amiga. Y Flora... Flora era tan inteligente e intuitiva, que, a veces, se me olvidaba que tenía trece años. En algunos momentos me preguntaba si me estaban pagando por ayudar a la chica con el francés, o si me estaba aprovechando del señor Douglas al utilizar a su sobrina para mejorar mi conversación. Todo iba sobre ruedas, hasta el día en el que la señorita Grose me informó del regreso anticipado de Julia a Bly Manor.

Escena 1.9
Bly Manor. Desván. Luz. Mediodía.

Sale a escena la señorita **Grose**.

Grose   Nos la devuelven.

Abigail   ¿Qué estás diciendo?

Grose   El internado ha expulsado a Julia.

Abigail   ¿Expulsada? ¿Por qué?

Grose   (*Pasándole el móvil.*) Apenas dan detalles. (**Abigail** *lee. Va a sentarse en la mecedora.*) Cuidado. No es segura.

               (**Abigail** *no se sienta.*)

Abigail   ¿La expulsan por comportamientos impúdicos? ¿Qué significa eso?

Grose   ¡Por Dios, pero si solo tiene diecisiete años!

Abigail   Bueno, está en la edad. Pero, ¿qué ha hecho, bañarse desnuda en...?

Grose   Julia no es así.

Abigail   Casi todas somos así a los diecisiete. (*Releyendo*.) Comportamientos impúdicos.

Grose   Eso dice el correo electrónico.

Abigail   ¿Se habrá enredado con algún chico?

Grose   Ha tenido que ser algo precipitado, porque el correo es de las nueve de la mañana y a las diez la estaban mandando a casa, por lo que sé.

Abigail   ¿Hoy mismo?

Grose   Está al caer.

Abigail   Hay que hablar con la directora.

Grose   Ya lo he intentado yo. No ha querido ponerse al teléfono.

Abigail   Es raro. ¿Qué ha podido hacer Julia para crear una reacción tan desagradable?

Grose   ¡Nada!

Abigail   ¿Aquí en Bly alguna vez...?

Grose   Jamás. ¡Lo juro! (*Silencio.*) ¿Avisamos al señor Douglas?

Abigail   (*Tras pensar.*) No. No le vamos a molestar por esto. Si el internado no quiere explicarnos lo que ha pasado, se lo preguntaremos a Julia.

Julia   (*Apenas asomando a escena.*) Gracias. (*Las dos mujeres se giran hacia ella.*) Hola, señorita Grose.

Grose   Pero pasa, niña, ven, déjame que te presente a la señorita James. (*A* **Julia** *le cuesta dar el primer paso, pero entra en el desván.*) ¿Has tenido buen viaje? Estás más delgada. ¿Es que en ese horrible lugar no te dan de comer?

Julia   Ha debido de llevarse una impresión malísima de mí, señorita James.

Abigail   No sé de qué estás hablando, Julia.

Julia   Por mi expulsión.

Abigail   ¿Qué te parece si preparamos té y me lo cuentas todo?

(**Julia** *asiente.*)

Julia   Me hubiese gustado empezar de otra manera, señorita James.

Abigail   Bueno, date una ducha y relájate mientras nosotras preparamos el té. Y llámame Abi.

Julia   Gracias, Abi.

(*Sale a escena* **Flora**.)

Flora   ¡Julia!

Julia   ¡Flora!

Flora   ¡Por fin has vuelto!

(*Las hermanas se abrazan.*)

Abigail   Vamos bajando.

(**Grose** *y* **Abigail** *inician el mutis, seguidas por las chicas.*)

Flora   ¡Cómo te he echado de menos! Gracias por volver.

Julia   No me has dejado otra opción.

Flora   Lo siento, Julia. No te enfades conmigo.

(*A punto del mutis,* **Julia** *se detiene.*)

Julia   ¿Eras tú la que querías que volviese o eran ellos?

Flora   ¿Tú qué crees?

(**Flora** *le da un beso a su hermana y se aparta, riendo.* **Julia** *se queda un momento sola. Se escucha el silbido de Peter* **Quint**, *mientras la mecedora empieza a moverse. A* **Julia** *comienzan a caérsele las lágrimas.*)

Julia   ¿Peter?

(*Oscuro y grito de* **Julia**.)

ACTO 2

Escena 2.1
Bly Manor. Desván. Oscuridad. Mediodía.

> *Gritos de Julia en la oscuridad. Forcejeos. Sale a escena, corriendo, **Abigail**, seguida de la señorita **Grose**, llevando ambas sendos faroles.*

Grose   ¡Julia, Julia!

Abigail   ¡Julia!

(*Llanto de **Julia**, hipado. Las dos mujeres dirigen la luz hasta donde **Julia** se encuentra tirada en el suelo. Tiembla, con el vestido rasgado y la ropa interior rota, hecha un ovillo. Silbido de Peter **Quint**.*)

Grose   ¡¿Quién hay ahí?!

Abigail   ¡Señorita Grose, la niña! ¡¿Quién está ahí?!

Grose   ¡Julia, Dios mío!

Abigail   (*A la señorita **Grose**.*) ¿Consigues ver algo?

Grose   ¡Julia, ¿qué ha pasado?!

Abigail   ¡¿Quién es usted?! ¡No le tenemos miedo! ¡¿Quién coño es usted?! (*Silencio. Silbido que se aleja. A la señorita* **Grose**.) ¡Llama a la Policía! (*Siguiendo el sonido del silbido.*) ¡¿Quién es usted?!

Julia   (*Histérica.*) ¡No, no, no vaya! ¡No vaya, no! ¡Señorita Grose, no permita que vaya! ¡No lo permita! ¡Señorita Grose, no me dejen sola!

Escena 2.2
Bly Manor. Desván. Luz. Mediodía.

> *Regresa la luz. Cortando el camino a* **Abigail**,
> **Flora**. *En el suelo,* **Julia**, *abrazada a la señorita*
> **Grose**, *tiembla. Silencio. Respiración agitada.*

Abigail   (*Cogiendo a* **Flora**.) Ven aquí. Puede estar en cualquier parte. ¡Ven!

Flora   ¿Quién, Abi? ¿Qué está pasando?

Abigail   ¡Anne, la Policía, ya! ¡Llámales!

Grose   ¡Lo estoy intentando, pero no hay cobertura!

Abigail   (*A* **Flora**.) ¿Dónde está? ¿Le has visto?

Flora   ¡¿A quién?!

Abigail   (*Agarrándola con fuerza*.) Al hombre que ha atacado a tu hermana. ¿Le has visto?

Flora   ¡Me haces daño!

Abigail   (*Subiendo el tono*.) ¡¿Le has visto?!

Flora   (*Subiendo el tono*.) ¡He dicho que me haces daño!

Abigail   (*Gritando*.) ¡Que me contestes, Flora!

Flora	¡Aquí no hay nadie! ¿No lo ves? ¡No hay nadie!
Grose	¡Suéltela, Abi! ¡La está asustando!

(**Abigail** *suelta a* **Flora**. *Evita mirarla. Solo se escucha el gimoteo de* **Julia**. *Las mujeres miran alrededor.*)

Abigail	¡Voy a mirar abajo!
Grose	Espere.
Abigail	Quédate con las chicas. ¡Déjame tu móvil!

(*Coge el móvil. Mutis de* **Abigail**. *La señorita* **Grose** *mira alrededor.*)

Grose	¿Estamos solas, Flora?
Flora	Ahora, sí.
Grose	¿Qué ha pasado? (**Julia** *niega con la cabeza*.) ¡Julia!
Julia	No le diga nada a Abi. No se lo diga. Ya sabe cómo soy. Me imagino cosas.
Flora	Se las imagina.
Grose	¡Cállate!
Julia	No hay que hacerme caso.

(**Flora** *saca el rompecabezas y comienza a manipularlo.*)

Grose   Deja eso ahora, Flora.

Flora   Me gusta jugar con él.

Grose   No es a ti a quien le gusta.

(*Sale a escena* **Abigail**, *sofocada.*)

Abigail   He llamado a la Policía. (*Se acerca a* **Julia**, *mientras le devuelve el móvil a la señorita* **Grose**.) La puerta principal está cerrada con llave. Habría que revisar las demás habitaciones, claro está, pero las dos puertas están bien cerradas. ¡Hay que averiguar por dónde coño entran!

Flora   ¿Quiénes?

Abigail   El otro día se coló una loca, y hoy este... este...

Flora   Aquí no hay nadie, Abi.

Grose   Está asustando a las niñas.

Abigail   (*Agachándose junto a* **Julia**.) ¿Qué ha pasado, Julia?

(**Julia** *niega con la cabeza.*)

Grose   Mire, tiene arañazos en las piernas. ¡Pobrecita mía!

Abigail ¡Julia, ¿qué coño ha pasado aquí?!

Julia No ha pasado nada, ¿vale? (*Silencio.*) ¿Puedo ir a mi habitación?

(**Julia**, *dolorida, inicia el mutis.*)

Abigail Sí, salgamos todas de aquí. Vámonos ahora mismo. Esperaremos a la Policía juntas fuera. En la puerta principal.

Julia Como quiera, señorita James.

Grose Ayúdala, Flora.

(**Flora** *ayuda a su hermana. Mutis.*)

Abigail Creo que deberíamos irnos a un hotel.

Grose ¿A un hotel?

Abigail Esta casa no es segura. Ya se han colado dos personas en lo que yo llevo aquí. Uno de ellos ha atacado a Julia. ¡Nos vamos ahora mismo!

Grose Aquí no hay ninguna persona, Abi. Ninguna persona más allá de nosotras. Se lo aseguro.

(*Mutis de la señorita* **Grose**.)

Escena 2.3
Bly Manor. Desván. Luz. Noche.

Abigail *se pone una rebeca.*

Abigail   Pasamos los siguientes dos días en un hotel cercano a Bly. Aproveché para intentar hablar con Julia del incidente del desván, pero no hubo manera. Evitaba la conversación. Mientras tanto, la Policía registró la casa entera. Dos veces, a petición mía. Nadie había forzado las puertas ni las ventanas. Y solo existía una manera de acceder al desván: las angostas escaleras por las que subimos la señorita Grose y yo al oír los gritos de Julia. Si alguien se coló en la casa, tuvo que permanecer escondido, subir al desván, atacar a Julia y, sirviéndose de la oscuridad, escapar, volviendo a utilizar las escaleras para luego salir por una ventana... que cerraría perfectamente... desde fuera. Posible, sí. Pero improbable. Al menos, eso fue lo que dijo el agente a cargo de nuestra investigación. Naturalmente, hice instalar una alarma de seguridad de última generación. La primera noche de regreso en Bly, después de cenar, subí al desván, siguiendo unas risas infantiles...

Escena 2.4
Bly Manor. Desván. Oscuridad. Noche.

Movimiento atropellado. Risas de **Flora**.

Julia ¡Enciende la linterna, Flora!

Flora ¡No quiero!

Julia ¡Enciéndela!

Flora ¡Yo veo perfectamente en la oscuridad!

(*Silencio.*)

Julia ¡He dicho que la enciendas! (*Silencio.*) ¡Enciéndela o me iré y no regresaré jamás! (*Luz de linterna.* **Flora** *juega con el rompecabezas.*) ¿Sigues con eso?

Flora ¡Ajá!

Julia ¿Aún no lo has descifrado?

Flora No. Es difícil.

Julia ¿Te lo dio ella?

(*Silencio.*)

Flora   Ajá.

Julia   ¿Y qué pasará cuando lo termines?

Flora   No lo sé. (*Silencio.*) Pero a ella le gusta que lo intente.

Escena 2.5
Bly Manor. Desván. Luz. Noche.

Abigail *está en medio de la habitación cuando regresa la luz.*

Abigail   ¿A quién le gusta que juegues con esa cosa? (*Silencio.*) ¿A quién, Flora?

Flora   (*Encogiéndose de hombros.*) A nadie.

Abigail   Déjame verlo.

(**Flora** *hace mutis a toda velocidad.*)

Julia   Es muy celosa con sus cosas. No le gusta prestar sus juguetes. No se lo tenga en cuenta, señorita James.

Abigail   Llámame Abi, Julia. (*Silencio.*) Yo también he sido hermana mayor.

Julia   Entonces, me entiendes... Abi.

Abigail   Sí, te entiendo.

(**Abigail** *recupera dos sillas gastadas de entre los muebles almacenados.*)

Julia   ¿Te gusta Bly?

Abigail   La casa, no. No me gusta esta casa.

Julia   (*Riendo.*) A nadie le gusta la casa.

Abigail   ¿Preferirías estar en otro sitio?

Julia   ¡En Roma!

Abigail   ¡En Roma! ¡Yo también preferiría estar en Roma! (*Se ríen.*) ¿Y en París?

Julia   Esa es mi hermana. Es una empollona. (*Silencio.*) Flora siempre ha sido la especial.

Abigail   ¿Y tú?

Julia   La buena chica. (*Se encoge de hombros.*) No hay que creerse todo lo que dice.

Abigail   ¿Flora?

Julia   A veces, le gusta mentir.

Abigail   ¿Y tú? ¿Tú mientes?

Julia   Solo cuando es necesario.

Abigail   ¿Mentiste en el internado? ¿Por eso tuviste problemas? (**Julia** *se encoge de hombros.*) ¿Qué es lo que pasó?

Julia   ¿Se lo contarás a mi tío?

Abigail	Nunca cuento los secretos de mis amigas.
Julia	Se rompieron unas sábanas... Todas las noches se rompían sábanas... Las sábanas de mi cama.
Abigail	¿Las rompías tú?
Julia	Tengo pesadillas. Muy fuertes. A veces, parecen reales. (*Silencio.*) Y un día... mis manos estaban en... y no me despertaba, ¡no conseguían despertarme y mis manos se movían y se movían y...! Tuve una... creo que tuve una crisis de nervios. Así lo llamaron.
Abigail	¿Te masturbaste? ¿Es eso lo que quieres decir? ¿Te masturbaste en sueños?
Julia	Yo no.
Abigail	¿Una compañera?
Julia	¡Yo no!
Abigail	Eso es normal, Julia. No tienes que negarlo ni avergonzarte. Es natural a tu edad. Es sano.
Julia	Y luego aparecieron unas flores en mi cama y dijeron que yo las había robado, pero no fui yo. ¡Lo juro, Abigail!
Abigail	Abi.
Julia	Lo juro.

Abigail   Te creo, Julia. Te creo. Tranquila, claro que te creo. (*La abraza. Silencio.*) Eso de lo que me hablas... lo de las sábanas... Es normal. Con la tensión que has vivido, con todo lo que te ha pasado... Lo raro sería que no tuvieses pesadillas...

Julia   ¿Tú crees?

Abigail   Estoy segura. Eres una chica muy fuerte, Julia. Muy fuerte. No dejes que nadie te diga lo contrario. Muy pocas personas tienen un contacto tan cercano con la muerte como tú has tenido.

(*Silencio.*)

Julia   Echo tanto de menos a mis padres... ¡Tantísimo!

Abigail   Tranquila. Es normal. Tranquila. Echar de menos está bien. Es sano.

(**Julia** *llora apoyada en el regazo de* **Abigail**. **Julia**, *lentamente, levanta la cara.*)

Julia   Si te cuento un secreto...

Abigail   (*Cogiéndole la mano.*) Confía en mí.

Julia   El otro día... por la noche...

Abigail   Dime... (*Silencio.*) No se lo voy a contar a nadie. (*Silencio.*) Julia, de verdad que puedes...

Julia   (*Estallando.*) Fui yo. Yo me arañé en los muslos. Fui yo. ¡Lo hago yo! ¡Lo hago todo yo! ¡Me hago daño! ¡Soy mala, mala, mala!

Abigail   ¡Tranquila, Julia! Tranquila.

Julia   No es la primera vez. ¡No lo es! Me hago daño. ¡Me lo hago! Me lo hago yo. ¡No hay nadie más! Soy yo. Todo es culpa mía. ¡No hay nadie más! ¡Te lo juro, Abi! ¡Nadie más!

(**Julia** *grita y hace mutis corriendo.*)

Escena 2.6
Bly Manor. Desván. Luz. Noche.

Sale a escena la señorita **Grose**.

Abigail ¿Estabas escuchando?

Grose Julia no se ha hecho esos arañazos.

Abigail Nadie se ha colado en la casa, ¿verdad, Anne?

Grose Nadie.

(*Silencio.*)

Abigail Pero alguien ha atacado a Julia.

Grose Alguien.

Abigail ¿Quién?

Grose Jamás lo creería.

Abigail Déjame decidir eso a mí.

Grose ¡Jamás lo creería!

Abigail ¡Anne!

Grose   (*Sentándose.*) Ni yo misma lo creo. (*La señorita* **Grose** *llora en silencio.*) ¡Llevo tanto tiempo...! ¡Tanto tiempo callándome! ¡Callándome! ¡Callándome! Sola, sola, sola... ¡Sola y callada!

Escena 2.7
Bly Manor. Desván. Oscuridad. Noche.

La luz se marcha. Frustración. Luz de farol.

Abigail   Anne, ya no estás sola. Habla, habla conmigo. Cuéntame qué está ocurriendo. ¡Necesito saber qué está ocurriendo en Bly! Lo necesito.

(*Silencio.*)

Grose   ¿Alguna vez, Abi...? ¿Alguna vez ha tenido la sensación de que su hermana sigue ahí, de que de alguna manera puede sentirla?

Abigail   Sí, claro. Cuando alguien se marcha nos cuesta comprender que ya no está y creemos que sigue con nosotros...

Grose   No, Abi. Yo estoy hablando de sentirla, sentirla de verdad. ¿Nunca le ha pasado estar sola y, de pronto, tener la necesidad de girarse rápido, porque allí, detrás de usted, a su espalda, hay algo?

Abigail   Sí, alguna vez.

Grose   Y usted sabe que ese algo que siente es su hermana, ¿verdad? (*Silencio.*) Eso que sentimos a solas, en los pasillos largos, en los lugares oscuros, son presencias, personas que han muerto y se niegan a marcharse. Seres queridos que no consiguen irse y se quedan a nuestro alrededor, rondándonos, observándonos, sin terminar de comprender qué les ha pasado. Están por todas partes. Ahora mismo. Aquí. Esa sensación, cuando se nos eriza el vello de la nuca, sin motivo, es una de esas presencias. (**Abigail** *se sienta.*) Normalmente son débiles y, solo quieren estar cerca de nosotros, sin tener el valor de irse para siempre, hasta que un día consiguen marcharse... (*Silencio.*) Pero otras veces...

Abigail   ¿Otras veces?

Grose   Otras veces esas presencias son fuertes.

(*Salen a escena la señorita* **Jessel** *y Peter* **Quint**.)

Jessel   Flora, piensa en mí.

Quint   Julia, piensa en mí.

Grose   Están furiosas. ¡No quieren morir y no lo aceptan! Se niegan a desaparecer y se aferran al mundo de los vivos con toda la fuerza de su alma muerta. Otras veces, Abi, esas presencias no quieren marcharse. Se quedan porque...

Abigail   ¿Porque...?

Grose   Envidian nuestra carne.

(*Mutis de los fantasmas.*)

Abigail   No, no, no es posible. Todo esto es una locura.

Grose   Parece una locura, pero no lo es.

Abigail   Pero no, no, no... Es que no, es que... No me lo creo.

Grose   La puerta estaba cerrada. Nadie pudo entrar.

Abigail   ¡Cállate! ¡Es imposible!

Grose   ¡Nadie pudo entrar y arañar los muslos de Julia! ¡Nadie!

Abigail   (*Gritando.*) ¡Que te calles!

(*Silencio.*)

Grose   Su hermana murió ahogada. (*Silencio.*) En un lago no muy distinto del nuestro. (*Silencio.*) Usted no debía de ser mayor que Julia ahora. Estaba escuchando música. No le puedo decir la canción, pero usted escuchaba música...

Abigail   ¿Cómo sabes eso?

Grose   Porque me lo ha dicho ella. (**Abigail** *empieza a negar con la cabeza, mientras se le caen las lágrimas.*) El día que usted llegó... la vi. En un destello.

Abigail   (*Sin voz.*) Cállate. Por favor, no me hagas esto.

Grose   Era verano. Y a ella le gustaba el agua.

Abigail   Sarah y yo éramos muy parecidas a Flora y Julia... Y bueno, a mí me gustaba más escuchar música y leer, que bañarme y jugar...

Grose   No la oyó.

Abigail   Leía mi libro y escuchaba música con los auriculares y... Tenía trece años. Tan pequeña y tan frágil, y se ahogó. Yo estaba allí y no... bueno, no hice nada. Ella siempre me llamaba Abigail.

Grose   Por eso ahora prefiere Abi.

Abigail   No pude salvar a mi hermana.

Grose   No supo que había que salvarla. (*Silencio.*) Su hermana está bien. Ya no sufre. Ahora que usted sabe esto, pronto se marchará. No debe temer por ella. Su hermana está bien. En paz.

(**Abigail** *la mira entre asustada y sorprendida.*)

Abigail   Anne, ¿qué le pasó a Julia? ¿Qué le pasó a Julia la otra noche aquí en el desván?

Grose   (*Por el farol.*) Ahora voy a apagar la luz.

Abigail   ¡No!

Grose   Sí, la voy a apagar.

Abigail   ¿Y qué sucederá?

Grose   Que usted verá lo que, el otro día, no pudimos
               ver. (*Con cariño.*) La ayudaré.

               (*Apaga el farol.*)

Escena 2.8
Bly Manor. Desván. En el destello. La otra noche.

> *El corazón de la señorita **Grose** y de **Abigail** se acompasan. **Julia** sale a escena, mira alrededor, girando sobre sí misma, asustada. **Flora** también ha salido a escena. Lo observa todo con ansia, dando pequeños saltos. Desde el foro, muy despacio, Peter **Quint** avanza hacia **Julia**, que, estando de espaldas, no logra verle.*

Julia   ¿Peter?

> (*Peter **Quint** la agarra por detrás, la sujeta con fuerza. **Julia** se sobresalta. La besa con pasión, desde atrás, dejándola sin aire, absorbiéndola entera. **Julia** intenta gritar, pero no le sale la voz. Comienza a forcejear. ¡Logra gritar!*)

Grose   (*Voz en off.*) ¡Julia, Julia!

Abigail   (*Voz en off.*) ¡Julia!

> (***Abigail** y la señorita **Grose** ocupan los lugares que ocuparon en su día al salir a escena.*)

Escena 2.9
Bly Manor. Desván. Luz. Noche.

> **Abigail** *y la señorita* **Grose** *están aturdidas en mitad de escena. No hay nadie más. Silencio.*

Grose ¿Lo entiende ahora? (*Limpiándose las lágrimas de los ojos.*) La llamaba mi pequeña novia inmaculada.

Abigail ¿Quint? (*La señorita* **Grose** *asiente.*) Fue Quint. Peter Quint. ¿Eso es lo que estás diciendo? Peter Quint, muerto, ¡después de muerto!, atacó a Julia en el desván. ¿Eso es lo que tú quieres que me crea?

Grose Eso es lo que debe creerse si quiere desentrañar el misterio de Bly Manor, y ayudar a esas pobres niñas dejadas de la mano de Dios. (*Silencio.*) ¿Usted las quiere, Abi? ¿Quiere a Julia y a Flora?

Abigail Sí, las quiero.

Grose Pues somos las únicas. Y si queremos salvarlas, usted tiene que creer. Sobrevivir en Bly Manor requiere creer. Hágalo o váyase. (**Abigail** *necesita sentarse. Silencio.*) Quint sentía algo por Julia, ¿sabe? Mi pequeña novia inmaculada. Así

la llamaba. Mi pequeña novia inmaculada. A su
manera creo que la quería.

Abigail   ¿La quería?

Grose   Al menos, hasta donde una criatura tan despreciable como él puede llegar a querer a un ser vivo.

Abigail   ¿Y él... alguna vez...?

Grose   (*Tras asentir.*) Nunca tuve pruebas.

Abigail   Imagino.

Grose   No, no imagina, señorita James. Hoy ha imaginado por primera vez en su vida. (*Silencio.*) A veces, las personas contaminan.

Abigail   ¿Contaminan?

Grose   Corrompen.

Abigail   ¿A usted?

Grose   ¿A mí? ¡No! Creo que las están corrompiendo a ellas.

Abigail   ¿A ellas?

Grose   A ellas.

Abigail   ¿A las dos?

Grose   A las dos.

Abigail   Dios santo.

(**Abigail** *se tapa la cara con las manos. Silencio.*)

Grose   Es usted bonita, señorita James. También la última encargada de las niñas era bonita. Así le gustaban a él.

Abigail   ¿Hablas del señor Douglas?

Grose   Hablo de Quint.

Abigail   ¿Qué le pasó a ella?

Grose   Se llamaba Clarice Jessel. No era alguien normal. A veces era amable y, a veces, le gustaba parecer extraña. Aunque sus obligaciones implicaban ocuparse de las dos niñas, solo le dedicaba tiempo a Flora.

(*Silencio.*)

Abigail   ¿Y Flora se entendía con ella?

Grose   ¿Entenderse? ¡La adoraba! Siempre estaban juntas, jugando con esos malditos rompecabezas. Le encantaban. Jessel disfrutaba viendo a Flora resolverlos. Cuanto más complejos, mejor. Era como si con cada rompecabezas resuelto, ganase influencia sobre la niña. Y después, un día, Jessel se ahogó. En el lago. Fue rápido. Se lo aseguro. (*Silencio.*) La misma noche que ella se ahogó fue cuando Quint, borracho de brandi, se cayó del caballo. Estaban unidos. Jessel y Quint. Mucho. Unidos entre ellos y con las niñas. Quint con Julia, y Jessel con Flora.

Abigail La mujer a la que yo vi el día de mi llegada...

Grose Dígalo, Abi.

Abigail La mujer a la que vi...

Grose Atrévase.

Abigail Era la señorita Jessel.

(*La luz se marcha.*)

Escena 2.10
Bly Manor. Desván. Oscuridad. Noche.

Regresa la oscuridad. Rumor de agua.

Abigail   ¡Anne, quédate a mi lado! Espera.

Grose   ¡Han sido ellos!

Abigail   ¡Calla! Espera. Tengo mi móvil. ¡No te muevas, Anne! (*Enciende la linterna de su móvil.*) Vamos hacia la escalera.

Grose   Está aquí. La noto.

Abigail   ¿Quién está aquí?

(*Sale a escena la señorita* **Jessel**.)

Jessel   Este no es lugar para ti, Abigail. ¡Márchate!

Abigail   ¿Jessel?

Jessel   Márchate, Abigail.

Abigail   ¡No te tengo miedo!

Jessel   Eso no es verdad. Márchate, Abigail.

Abigail   ¡Yo no creo en fantasmas!

Jessel	Pero los fantasmas sí creemos en ti. ¡Márchate, Abigail! Abigail. Abigail. ¡Abigail! ¡Abigail!
Abigail	¡Silencio! (*Silencio. Rumor de agua.*) ¿Dónde está? No la veo.
Grose	Yo tampoco.
Abigail	Pero, ¿sigue aquí?
Grose	Sí, está aquí. Aún no se ha ido.

(*Ni rastro de nadie. Luz de farol de* **Flora**.)

Abigail	¿Flora?
Flora	Ajá.
Grose	¿Flora, eres tú?
Abigail	Trae el farol.
Flora	¿Y qué me das?
Abigail	¡Flora!

(**Flora** *apaga la luz del farol.*)

Grose	¡¿Qué estás haciendo, Flora?!
Abigail	¡Flora!
Flora	¿Qué me das, Abigail?

Abigail	¡Que no me llames Abigail, he dicho!
Flora	¿Quieres el farol, Abigail?
Abigail	¡Flora!
Grose	¡Flora, para!
Flora	Para ver a tu hermana, a tu pobre hermana ahogada. (*Imitando la voz.*) ¡Me ahogo, Abigail! ¡Me ahogo!
Abigail	¡Flora!
	(*Risas de* **Flora**.)
Grose	Abi... (*Silencio.*) No es Flora.
Flora	Anda, Anne, cállate y déjala que crea lo que le dé la gana...
Grose	No es Flora, Abi. No lo es.
	(*Silencio.*)
Abigail	¿Flora?
Flora	Ajá.
	(*Silencio.*)
Grose	Pero no solo Flora...

Flora	Ajá.
Abigail	¿Quién eres?
Flora	Ya lo sabes.
Grose	¿Quién más eres?
Flora	Alguien.
Grose	¿Quién más, Flora?

(**Flora** *se ríe.*)

Flora	¿Te gusta jugar al escondite?
Abigail	¿Cuál es tu nombre? (*Silencio.*) ¿Cuál es tu nombre? (*Silencio.*) ¡Tu nombre!
Flora	Jessel. Mi nombre es Clarice Jessel.
Grose	¡No la escuche, Abi! No lo haga.
Flora	¡Cállate! ¡Cállate, Anne! ¡Cállate ya! ¿Sabes, Abigail? Tu hermana no te ha perdonado. ¡No te perdona! No se marcha y vive agazapada en ti, porque no te perdona. Y no te perdona porque eres una egoísta. ¡Una puta egoísta! Nunca tenías tiempo para ella. ¡Nunca te fijabas en lo que le pasaba! ¡Nunca! ¡Abigail! Siempre lo tuyo era más importante. ¡Siempre, siempre, siempre! ¡La mataste tú con tu indiferencia! No quieres a

nadie, Abigail. ¡No sabes querer! ¡Estás enferma! ¡Enferma de egoísmo!

(**Abigail** *le pega una fortísima bofetada a* **Flora**. *Regresa la luz.*)

Escena 2.11
Bly Manor. Desván. Luz. Noche.

Flora *mira a los lados, desconcertada.*

Flora   ¿Qué ha pasado? ¿Qué ha pasado? ¿Por qué me has pegado, Abi?

(**Flora** *hace mutis a toda velocidad.*)

Abigail   Ve, Anne. Ve con ella. No es culpa suya. Nada es culpa suya. Ve con ella.

(*La señorita* **Grose** *hace mutis.*)

Escena 2.12
Bly Manor. Desván. Oscuridad. Noche.

Abigail, *aturdida, enciende la linterna de su móvil. Silbido de Peter* **Quint**. *Se gira. Está muy nerviosa. Hace mutis a toda velocidad. Silbido de Peter* **Quint**. *Sale a escena* **Julia**, *sujetando un farol, desde el interior del desván.*

Julia   ¿Peter? (*Silbido de Peter* **Quint**.) ¿Eres tú, Peter? (*Silencio.*) Yo siempre he imaginado que eras tú, ¿sabes? La primera vez, también. ¿Peter? ¿Estás ahí, Peter? (*Silbido de Peter* **Quint** *que se acerca a* **Julia**.) No entiendo por qué tiene que ser todo tan difícil. No me gusta que hagas eso... No me gusta cuando te noto y no puedo respirar... ¡No me gusta que hagas eso, Peter! ¡Me duermo y ya no soy yo! (*Silencio.*) ¿Peter?

Quint   Frío...

Julia   ¿Frío, Peter?

Quint   Hace mucho frío.

Julia   ¿Donde tú estás hace frío?

Quint   Mucho frío...

Julia	Peter, ¡no sé cómo ayudarte! (*Silbido de* **Quint** *alejándose.* **Julia** *se gira, nerviosa.*) ¡No te vayas! Dime cómo puedo ayudarte, Peter. ¡Deja que te ayude!
Quint	Piensa en mí.
Julia	¿Pensar en ti? Si no hago otra cosa…
Quint	Piensa en mí…
Julia	(*Empezando a llorar.*) Pienso en ti, Peter.
Quint	Piensa en mí…
	(*Nuevo silbido de Peter* **Quint***, que se aleja.*)
Julia	¿Peter?
	(**Julia** *le sigue en el mutis. Silencio. Grito ahogado de* **Julia**. *Regresa la luz a un escenario vacío.*)

Escena 2.13
Bly Manor. Desván. Luz. Amaneciendo.

Abigail, *cansada, sale a escena.*

Abigail   ¿Cómo se asimila lo imposible? La señorita Jessel estaba allí. ¿Cómo se asimila lo que no puede ser? Jessel, monstruosa e improbable, estaba en Bly. Y, obviamente, Peter Quint también seguía allí. Era imposible y aun así, no había forma de negarlo. ¡Pobrecita Flora! ¡Pobre Julia! ¡Pobres chicas! Y pobre Anne Grose, sufriendo en silencio esa terrible prueba sin poder pedir ayuda a nadie por miedo a ser tomada por loca. Yo misma dudaba de si lo que había visto era real... Pasé lo que quedaba de noche velando el sueño de Flora, hasta que, por la mañana, la señorita Grose me relevó de mi puesto. ¿Cómo iba a quedarme en Bly? ¿Cómo iba a seguir allí, después de lo que había visto? Y, ¿cómo iba a marcharme y dejar solas a Flora, Julia y Anne, prisioneras de la horrible verdad que se ocultaba en Bly Manor?

Escena 2.14
Bly Manor. Desván. Luz. Mañana.

Flora *da un paso para entrar en el desván.*

Flora   Buenos días, señorita James.

Abigail   Sigo siendo Abi, Flora.

Flora   ¿A pesar de lo que ha pasado?

Abigail   Para ti siempre voy a ser Abi.

(**Flora** *corre a abrazarla.*)

Flora   ¡Abi, lo siento mucho! ¡Lo siento mucho! La se-
              ñorita Grose me ha contado las cosas horribles
              que te dije anoche. ¡Lo siento! ¡Lo siento mu-
              chísimo! ¡No sé por qué he sido tan cruel! (*Mi-
              rándola a los ojos.*) Te juro, Abi, que no era yo.
              ¡Te lo juro!

Abigail   ¿No eras tú?

(**Flora** *se aparta.*)

Flora   Hay veces que tengo la sensación... No lo sé...
              Es complicado... Es como si me durmiese den-
              tro de mí... Me duermo y mi cuerpo... ¡No lo sé,
              Abi! (*Bruscamente risueña.*) ¡Te he preparado el

desayuno! ¡Para compensarte por lo de anoche! Fui muy mala. (**Flora** *la coge de la mano.*) ¡Corre, que se enfría!

(**Abigail** *se resiste a seguirla.*)

Abigail   Espera, Flora.

Flora   ¡Se va a enfriar!

Abigail   Lo calentaremos después. Espera. Quiero hablar contigo.

Flora   ¿Te vas a marchar? (*Silencio.*) Todo el mundo que me gusta, se marcha.

Abigail   No lo sé, Flora. Aún no lo sé.

Flora   Gracias por no mentirme. Eres la única que nunca me ha mentido. (*Sentándose con el rompecabezas.*) Julia dice que soy una cocinera horrible, ¿sabes?

Abigail   Lo que me estabas contando...

Flora   Solo soy una niña...

Abigail   ¿Y qué?

Flora   La mitad del tiempo no sé lo que digo...

Abigail   ¿Qué pasa en esos momentos en los que parece que te duermes...?

Flora　　¡La vida es demasiado maravillosa como para pasar mucho tiempo dormida, Abi! ¿No te parece?

Abigail　　En esos momentos en los que crees dormirte, ¿dónde está la señorita Jessel? (*Silencio.*) Cuando tienes esa sensación de dormirte, como anoche...

Flora　　¡Anoche no era yo!

Abigail　　¿Dónde estaba anoche la señorita Jessel?

Flora　　¡Muerta, ¿vale?! Muerta. Como mis padres y como Peter. ¡Muerta! ¿Y sabes qué, señorita James? Puede ser que ella no sea como los demás, pero jamás me ha pegado. ¡Tú sí!

(**Flora** *hace mutis corriendo.*)

Abigail　　¡Flora!

Escena 2.15
Bly Manor. Desván. Luz. Mañana.

Abigail *mira a los lados. Saca el móvil. Marca a toda velocidad.*

Abigail   ¿Señor Douglas? ¡Ah, Benjamin! ¿Puede decirle, por favor, al señor Douglas, que se ponga? ¿Puede decírselo, por favor? Sí, es sobre sus sobrinas. ¡Claro que es sobre sus sobrinas! (*Sale a escena la señorita* **Grose**. *Observa.*) Dígale que es muy importante. Si no, no le molestaría. ¡Por favor! Recuerdo lo que me dijo... Lo recuerdo... Pero... ¡Son solo dos crías y tienen problemas graves! Dígale al maldito hijo de puta que le estoy oyendo, ¡que le estoy oyendo!, y que tiene que ponerse. ¡Son solo dos crías y las está abandonando! Ni me excedo ni mierdas. ¡Dígale que se ponga! Si deja solas a esas dos niñas, va a ir al Infierno. Se lo aseguro. Dígale que el mal se paga... ¡El mal se paga, señor Douglas! ¿Benjamin? ¿Benjamin?

Grose   Ha colgado, ¿verdad?

Abigail   Ha colgado.

(**Abigail** *cuelga su móvil.*)

Grose   No le importan las niñas.

Abigail   ¡Son su familia!

Grose   No le importan. (**Abigail** *se sienta en la mecedora y llora.*) ¿Va a quedarse, quedarse con nosotras?

Abigail   No lo sé.

Grose   Lo entiendo. Es humano.

Abigail   Pero si no las cuidamos nosotras, ¿quién lo hará?

Grose   Nadie. (*La señorita* **Grose** *le ofrece un pañuelo.*) Tome.

Abigail   Gracias. (*Silencio.*) ¿Tú... tú les ves? ¿Les ves siempre?

Grose   Les noto. Tengo destellos. Sé dónde están, aunque no les veo... si ellos no quieren que lo haga. No les veo exactamente. No como usted ve las cosas, al menos.

Abigail   ¿Y Flora?

Grose   Ella, sí. Hasta donde yo sé, a Jessel sí la ve.

Abigail   ¿Julia no?

Grose   No.

Abigail   ¿Por qué?

Grose   No lo sé.

Abigail   ¿Por qué?

Grose   Son fantasmas. No hay reglas fijas. ¡No sé si hay reglas!

Abigail   (*Para sí misma, sin terminar de creérselo.*) Fantasmas... (*Silencio.*) ¿Y qué quieren?

Grose   No lo sé.

Abigail   ¿Quién lo sabe?

Grose   Las niñas lo saben. Probablemente ellas lo sepan.

Abigail   Pero guardan el secreto. (*Silencio.*) Anoche vimos que Jessel tiene una poderosa influencia sobre Flora.

Grose   No es influencia. Flora, a veces, es la señorita Jessel. ¿No vio sus ojos? Esa con la que hablamos anoche, no era Flora.

(*Silencio.*)

Abigail   ¿Y si Flora está cerca...?

Grose   Jessel está con ella. Sabe todo lo que Flora sabe.

Abigail   Entonces, no podemos confiar en ella. Ya no podemos.

Grose	¡Es solo una niña pequeña!
Abigail	No, ya no, Anne. Ahora es una mujer mayor. La señorita Jessel ya la ha contaminado. (*Silencio.*) Hay que sacar a las chicas de Bly.
Grose	¿Qué más da dónde estén? ¡Peter encontró a Julia en el internado! Hasta allí llegó su influencia.
Abigail	Entonces, hay que obligarlas a hablar, que nos cuenten lo que ellos les cuentan.
Grose	¡Nos horrorizaría!
Abigail	¡No importa!
Grose	Hay que tener mucho cuidado, Abi. A veces, intentando evitar un mal, se cae en un mal mayor.
Abigail	¡Vigilémoslas, entonces!
Grose	¿Vigilarlas?
Abigail	No las dejemos a solas. Hay que conseguir que Jessel y Quint no tengan un segundo a solas con ellas, que no puedan seguir corrompiéndolas. ¡Son una enfermedad! ¡Hay que aislarlas de ellos!
Grose	¿Así se combate el mal?
Abigail	¡Así se combate un virus! No se me ocurre otra manera. Al menos, de momento. Voy a buscar

a Flora. (*Iniciando el mutis.*) Encuentra tú a Julia, y no las perdamos de vista.

Grose   Abi. (**Abigail** *se detiene.*) Gracias.

Abigail   ¿Por qué?

Grose   Por quedarte. (*Mutis de* **Abigail**. *Silencio.*) Ya puedes salir, Julia.

(*La luz se marcha.*)

Escena 2.16
Bly Manor. Desván. Oscuridad. Mediodía.

Lentamente, sale a escena **Julia**.

Julia   ¿Sabías que estaba aquí?

Grose   Me lo imaginaba.

Julia   Estás muy guapa hoy, Anne.

Grose   ¿Por qué dices eso, Julia?

Julia   No lo sé. Soy una chica, y las chicas nos fijamos en esas cosas, ¿no es cierto? Y me estoy haciendo mayor.

Grose   Sí, te estás haciendo mayor.

Julia   Y no puedes decir que yo no haya sido buena...

Grose   No, Julia, no puedo decirlo.

Julia   Excepto la otra noche... Ya sabes...

Grose   ¿La otra noche?

Julia   Sí, cuando grité...

Grose   Sí, es verdad. Pero he olvidado por qué lo hiciste... ¿Por qué gritaste, Julia...?

Julia   ¿Lo has olvidado? (*Julia silba la tonada que suele silbar Peter* **Quint**.) Para llamar la atención, supongo. Estoy en la edad.

Grose   Estás en la edad.

Julia   No me había fijado en lo guapa que eres, Anne. Nunca me había fijado.

Grose   (*Intentando ir hacia la salida.*) ¿Por qué dices esas cosas?

             (**Julia** *le corta el paso. Silencio. Silba, de nuevo, la tonada.*)

Julia   Es solo un cumplido.

Grose   Inapropiado.

Julia   ¿Prefieres que no lo vuelva a hacer?

Grose   Lo prefiero. (**Julia** *intenta recolocarle un mechón a la señorita* **Grose** *detrás de la oreja, pero ella se aparta con rapidez.*) No me toques.

             (*Silencio.*)

Julia   Pronto volveré al internado y me perderás de vista.

Grose   Te han expulsado. (*Silencio.* **Julia** *se gira, atur-dida.*) Te lo dijo la señorita James. ¿No lo recuerdas? (*Silencio.*) ¿No eres feliz en Bly?

Julia   En realidad, soy bastante feliz en cualquier sitio.

Grose   En ese caso, si estás igual de contenta aquí...

Julia   ¡Pero eso no basta! ¡Bly no me basta! ¡Quiero ver mundo! Tengo toda la vida por delante. (*Silencio.* **Julia** *ríe. Silba la tonada de Peter* **Quint**.) Bueno... quiero ver más de la vida.

Grose   Entiendo.

Julia   ¡Quiero estar con los que son como yo!

Grose   No hay nadie como tú, Julia. No lo hay. Te lo juro.

Julia   ¡Cállate!

Grose   No hay nadie como tú. Nadie tan fuerte como tú, Julia. Tan capaz de enfrentarse a ese canalla de Peter Quint. ¡Lucha, Julia! ¡Lucha! Lucha con todas tus fuerzas. ¡Eres tan fuerte como lo fue tu madre! ¡Igual que tu madre! ¡Lucha! Lucha, Julia, porque luchas por tu vida.

(**Julia** *comienza a llorar.*)

Julia   (*Casi sin voz.*) Señorita Grose... Ayuda... Me ahogo... ¡Me ahogo!

(**Julia** *tiene un fortísimo ataque de asma.*)

Grose   (*Buscando.*) Tu inhalador... ¿Dónde está tu in-
         halador? (*Gritando.*) ¡Abi! ¡Abi! Llama a un mé-
         dico. ¡Un médico! ¡Se ahoga! ¡Se ahoga! ¡Abi! ¡Un
         médico! ¡La está matando, Abi! ¡Un médico!

Escena 2.17
Bly Manor. Desván. Oscuridad. Mediodía.

*La señorita **Grose** grita con todas sus fuerzas. Silencio. Risas de **Flora**. Sale a escena **Flora** con un farol. Canta en francés. Silencio. Sale a escena **Abigail**.*

Abigail Dame el candil, Flora.

Flora Ven a cogerlo.

Abigail La señorita Grose está en el sótano, cambiando los fusibles. Pronto volverá la luz. Dame el candil.

Flora ¡No quiero!

Abigail Dámelo.

Flora ¿Cómo está mi hermana?

Abigail Dame el candil.

Flora Te lo daré si me dices cómo está mi hermana.

  (*Silencio.*)

Abigail No mejora.

Flora   ¿Cuándo va a volver del hospital?

Abigail   No lo sé, Flora. No lo sé.

Flora   Lleva mucho tiempo allí.

Abigail   Varios días.

               (*Silencio.*)

Flora   Eso que le ha pasado... Eso... ¿Se lo hizo Peter?

Abigail   Se lo hizo Peter.

               (*Regresa la luz.*)

Escena 2.18
Bly Manor. Desván. Luz. Mediodía.

Flora *apaga el farol.*

Flora Seguro que fue sin querer.

Abigail ¿Es lo que crees? ¿Lo que de verdad crees?

Flora Tenías que haber hecho que mi tío viniese.

Abigail Lo intenté.

Flora Intentarlo no sirve para nada. ¡Hay que conseguirlo!

Abigail ¿Y quién va a conseguir que venga?

Flora ¡Mi tío tiene que venir aquí para solucionarlo todo! (*Silencio.*) En el fondo, imagino que es culpa mía. No es fácil querernos. Sé que yo no pongo fácil que me quieran.

Abigail ¿Quién te ha dicho eso?

 (**Flora** *se sienta con el rompecabezas entre las piernas.*)

Flora ¿Sabes que ya casi lo he conseguido?

Abigail	¿Quién te ha dicho que es difícil quererte?
Flora	Me faltan solo cinco movimientos.
Abigail	¿Quién te lo ha dicho, Flora?
Flora	(*Manipula el rompecabezas.*) Cuatro.
Abigail	¿Jessel? ¿Te lo ha dicho la señorita Jessel? (**Flora** *manipula el rompecabezas, mientras se encoge de hombros.*) Escúchame, Flora. Eso es mentira. Es muy fácil quereros.
Flora	A Julia, sí.
Abigail	Y a ti también.
Flora	No, a mí, no. A mí nadie me quiere.
Abigail	¿Eso os han dicho? ¿Que nadie os quiere? (**Flora** *asiente.*) ¿Nadie?
Flora	Ellos sí nos quieren.
Abigail	Flora, es mentira. Ellos no os quieren. No quieren a nadie. Solo quieren la carne. ¡Envidian vuestra carne!

(**Flora** *manipula el rompecabezas.*)

Flora	Dos.
Abigail	¿Cómo hablas con ellos? ¿Cómo lo haces?

Flora   ¿Por qué?

Abigail   ¡Que me lo digan a mí! ¡Que me digan que nadie más que ellos os quiere! ¡Que me lo digan!

Flora   ¡No lo sé! ¡No lo sé! Hablan y les oigo. (**Flora** *va a manipular el rompecabezas, pero* **Abigail** *se lo quita.* **Flora** *grita.*) ¡Es mío! (**Flora** *intenta recuperarlo.*) ¡Es mío! ¡Que me lo des!

(**Abigail** *forcejea. Silencio. Respiración agitada de* **Flora**. *Va a ponerse en pie, cuando* **Abigail** *levanta el rompecabezas. Silencio.*)

Abigail   Márchate, Flora.

Flora   ¡Es mío!

Abigail   Márchate o lo rompo. ¡Te juro que lo rompo!

(*Silencio.* **Flora** *grita y hace mutis a toda velocidad.* **Abigail** *recupera el farol. Mira el rompecabezas. Gira la pieza que falta. Silencio. Oscuridad.*)

Escena 2.19
Bly Manor. Desván. Oscuridad. Mediodía.

> *Rumor de agua. Respiración en las sombras. Sale a escena la señorita* **Jessel**.

Jessel Eso no es tuyo... (*Silencio.*) Devuélvelo. No es tuyo. Devuélveselo.

Abigail ¡Habéis dicho que nadie quiere a esas chicas! Se lo habéis hecho creer. ¡Y yo sí las quiero!

Jessel No quieres a nadie, Abigail. A nadie... Tu hermana... ahogada... No quieres a nadie...

Abigail ¡Cállate!

Jessel Se ahoga... Se ahoga... ¡Abigail, Abigail, Abigail!

Abigail ¡Yo sí quiero a esas chicas! ¡Las quiero, ¿me oyes?! ¡Las quiero!

Jessel Se ahoga...

Abigail Y Anne también...

Jessel ¿Me ahogo...?

Abigail Anne también las quiere...

Jessel   Me ahogo... No puedo respirar... Hace mucho frío... Me ahogo...

Abigail   ¿Qué?

Jessel   Me ahogo... Oscuridad... Todo está oscuro... Me sujetan... Me sujetan debajo del agua... Frío... El lago... Me ahogo... ¡Me sujetan!

Abigail   ¿Quién te sujeta?

Jessel   Me sujeta debajo del agua... ¡Me sujeta!

Abigail   ¿Peter Quint? ¿Peter Quint te ahoga?

Jessel   ¡Me ahogo!

Abigail   ¿Quién te ha ahogado?

Jessel   Todo está tan oscuro... Frío, frío, frío... ¡Me ahoga!

Abigail   ¡¿Quién te ha ahogado?!

Jessel   Asesina...

Abigail   ¿Quién?

Jessel   ¡Asesina!

Abigail   ¿Quién?

Jessel   ¡Anne Grose! ¡Anne Grose me ha ahogado! ¡Asesina!

(*Regresa la luz. La señorita* **Jessel** *ha desaparecido.*)

ACTO 3

Escena 3.1
Bly Manor. Desván. Oscuridad. Mediodía.

La señorita **Grose** *sale a escena, alumbrada por
la luz de un farol.*

Grose   Las primeras imágenes de mi infancia son muy
tempranas. Recuerdo caras afables y curiosas,
asomándose a mi cuna. En la adolescencia comprendí que aquellos rostros que creía recordar,
eran fantasmas que sentían curiosidad por una
vida que comenzaba, cuando la suya ya se había extinguido. Al morir los padres de Julia y
Flora, las niñas se sumieron en una pena oscu-
ra y silenciosa. Se refugiaron la una en la otra,
incapaces de afrontar lo que les había sucedido. Yo observaba a las niñas y observaba lo que
quedaba del espíritu de sus padres, atado a este
mundo por la pena de sus hijas. Lo observaba
todo sin poder hacer nada para remediar el dolor de los vivos ni de los muertos. Flora también podía verlos y no entendía, ¡tan pequeña
era!, que sus padres estuvieran y, a la vez, se hu-
bieran ido. Permitir que se marchasen, para ella

fue, creo, como si muriesen dos veces. Y la pena continuó anidando en Bly. Hasta que Jessel y Quint llegaron. Fue idea del señor Douglas. Rápidamente, ambos, encandilaron a Julia y a Flora. ¡Y por fin las niñas volvieron a jugar y a correr por los pasillos de la casa! ¡Estaba tan contenta! ¡Tan feliz! Las niñas, ¡mis niñas!, habían vuelto a la vida. Mi gratitud hacia la señorita Jessel, que tan afín era a los intereses culturales de Flora, y al señor Quint, que con tanto celo se encargaba de Julia, no conocía límites... Hasta aquella tarde de octubre en la que vi cómo Peter Quint le colocaba el pelo detrás de la oreja a Julia, mientras ella se limpiaba las briznas de paja de la falda. Recuerdo su rubor adolescente y recuerdo a Quint llamándola mi pequeña novia inmaculada. ¡Qué guapa eres, Julia! ¡Qué guapa! Y, después de eso, Jessel, la infame señorita Jessel, que había sido tan tímida y correcta a su llegada a Bly, comenzó a tratar a Flora como si de una pequeña criadita se tratase. Me acostumbré a espiar a Jessel y a Quint, que, por la noche, con las niñas ya acostadas, bebían el licor de los señores, se vestían con sus ropas, y bailaban, ¡bailaban y reían! (*La señorita* **Jessel** *y Peter* **Quint** *salen a escena, riendo y bailando.*) ¡Se comportaban como si Bly fuese suyo, y las niñas, ¡mis niñas!, sus juguetes! Y el señor Douglas, el pusilánime señor Douglas, no atendía a mis llamadas, jamás atendía a mis llamadas. Intenté, entonces, advertir a las niñas de la maldad que se ocultaba tras los gestos, aparentemente inocentes, de Jessel y Quint, pero, claro, las niñas son niñas, y jamás perciben lo insidioso en los adultos. Recuerdo perfectamente la noche en la que comprendí que yo era la única, ¡la única que podría salvar a aquellas desdichadas niñas!

Escena 3.2
Bly Manor. Salón. Luz. Una noche... hace un año.

*Peter **Quint** y la señorita **Jessel** bailan, llenos de vida y de risa. De pronto, ella se separa de él, pensativa.*

Jessel   Tienes razón.

Quint   Es posible que la tenga.

Jessel   Es absurdo seguir empeñando una joya aquí, vendiendo otra allá, distrayendo pequeñas cantidades de la herencia de esas mocosas...

Quint   Es absurdo y peligroso.

Jessel   Puedes casarte con ella. No es tan mala idea. Julia acaba de cumplir dieciséis. Solo habría que esperar dos años.

Quint   Que no es mucho tiempo.

Jessel   Al fin y al cabo, Julia es la que posee el mayor patrimonio...

Quint   Y después...

Jessel   Un accidente, tal vez.

Quint   Nadie se preocupa por esas niñas...

Jessel   Y su tío menos que nadie... Un accidente... un sutil y desgraciado accidente... Y Flora, bueno... para cuando Julia no sea un problema, Flora ya no estará con nosotros. La pena por la muerte de sus padres es tan profunda...

Quint   Tan profunda.

Jessel   Y es una niña tan sensible.

Quint   Muy sensible.

Jessel   Casi una loquita. Y las loquitas son tan frágiles... (*Silencio.*) En el fondo, es lo mejor para ellas. Son unas niñas rotas, a las que nadie quiere...

Quint   Nadie.

Jessel   Que se reúnan con sus padres, entonces. Está decidido. Al fin y al cabo, nadie las quiere.

Escena 3.3
Bly Manor. Desván. Oscuridad. Atardeciendo.

La señorita **Grose** *sale, lentamente, de una enso-*
ñación.

Grose   Nadie las quiere. (*Silencio.*) Días más tarde, per-
suadí a la señorita Jessel para que me acompa-
ñase al lago. La hice creer que Flora, sola y de
noche, andaba por allí. Esperé a estar donde cu-
bre poco, donde hay barro y fango, y allí, la em-
pujé con fuerza. Puse todo mi peso encima de
ella, apretando mis manos contra su cabeza,
hundiendo su cara en el fango, ¡ahogándola!,
mientras la vida se escapaba de su cuerpo... No
tardó mucho. Después dejé que su cadáver se
alejase flotando en el lago. Quint también fue
sencillo. Le emborraché de brandy y le persua-
dí de que me mostrarse sus proezas como jine-
te. ¡Pobre Peter Quint, que jamás supo decirle
no a una mujer! Siempre había sido cruel con
los caballos, y, borracho como iba, el animal
acabó desmontándole. Se reía, se reía, el desven-
turado... El caballo, tal vez por instinto, le pateó.
Creo que sufrió tanto, que cuando le rompí el
cuello, casi lo agradeció. (*Silencio.*) Había salvado a las niñas. Las había salvado, pero, intentando evitar un mal, desperté un mal mucho peor.

Escena 3.4
Bly Manor. Desván. Luz. Atardeciendo.

Abigail *observa, sin palabras, a la señorita* **Grose***, que apaga su farol.*

Grose   Ya ves, Abi, todo lo que nos pasa es culpa mía.

(*Silencio.*)

Abigail   Pero, ¿cómo fuiste capaz de hacer algo así?

Grose   Tú no has visto cómo trataban a las niñas...

Abigail   ¡Un asesinato!

Grose   ...lo que Jessel le estaba haciendo a Flora en la cabeza.

Abigail   ¡Un asesinato, Anne!

Grose   ¡La estaba volviendo loca!

Abigail   ¡Mataste a dos personas!

Grose   Y cómo Julia buscaba agradar a Quint...

Abigail   ¡A sangre fría!

Grose   ...y cómo él la tocaba...

Abigail   ¡Anne!

Grose   ¡La tocaba, Abi!

Abigail   ¡Los mataste! ¡Los mataste a los dos!

Grose   (*Confundida.*) No sabía qué otra cosa podía hacer. (*Silencio.*) Y lo he empeorado todo.

Abigail   ¡Todo!

Grose   Dios mío, Abi, no sabía cómo salvarlas. ¡No sabía cómo salvar a las niñas! ¡No sabía qué más hacer!

(*Silencio.*)

Abigail   Te creo, Anne. Te creo, porque yo tampoco sé cómo salvarlas ahora. ¡No lo sé! ¡No lo sé, maldita sea!

Grose   Lo hemos hecho todo mal. ¡Todo! Julia está en el hospital... Y Flora...

Abigail   ¡Flora! ¡No, no está todo perdido, Anne! (*Para sí.*) Es posible, es posible... (*A la señorita* **Grose**.) Flora está empezando a comprender.

Grose   ¿Flora?

Abigail   Creo que Flora empieza a comprender...

Grose   ¿Empieza a comprender?

Abigail   Pudo terminar el cubo, pudo hacerlo, y dudó...

Grose   ¿Dudó?

Abigail   No lo hizo.

Grose   ¿No lo terminó?

Abigail   Pudo, pero no quiso. Creo que Quint subestimó el amor de las hermanas. El amor de la una por la otra. Creo que ver a Julia enferma, en el hospital, por culpa de Quint, la está ayudando a rechazar a Jessel. (*Silencio.*) Puede haber esperanza para ella...

Grose   Puede haberla.

Abigail   De hecho la hay. Flora empieza a verles como los monstruos que son.

(*Silencio.*)

Grose   Abi... (*Silencio.*) Ella no puede saber...

Abigail   ¿Qué no puede saber?

Grose   ¡Lo que hice!

Abigail   ¿Que los mataste?

Grose   (*Gritando.*) ¡Abi!

Abigail   ¿No lo sabe?

Grose   Se lo niega...

Abigail   ¿Eso es lo que te preocupa?

Grose   Se niega lo que pasó...

Abigail   ¿Eso es lo único que te preocupa en este momento?

Grose   No les digas la verdad sobre mí. ¡No se la digas, por favor!

Escena 3.5
Bly Manor. Desván. Luz. Noche.

        Sale a escena **Flora**, *en camisón, absolutamente aturdida.*

Flora   Abi... señorita Grose...

Grose   ¡Flora!

Flora   Ha llamado mi tío por teléfono, ¡a casa! Hacía tanto que no escuchaba su voz... Quería hablar con Abi...

Abigail   ¿Conmigo?

Flora   Julia está peor... Mucho peor, Abi. (*Empezando a llorar.*) Dice... él dice que mi hermana está en coma, que se va a morir...

Abigail   (*Corriendo a abrazarla.*) ¡Dios mío, Flora!

Flora   ¿De verdad se va a morir? ¿Se va a morir mi hermana?

Grose   Abi...

Flora   ¿Se va a morir por mi culpa?

Abigail   No, claro que no se va a morir, mi amor, y menos por tu culpa...

Grose   ¡Abi!

Abigail   ¿Qué?

Grose   Si Julia está en coma... eso significa... (**Abigail** y **Flora** *la miran.*) Que Peter Quint ya no está dentro de ella...

(*Silbido de Peter* **Quint**. *La luz se marcha.*)

Escena 3.6
Bly Manor. Desván. Oscuridad. Noche.

Rumor de agua. Movimiento en la oscuridad. **Flora** *grita.*

Flora   ¡Es culpa mía! ¡Es culpa mía!

Abigail   ¡Nada es culpa tuya, Flora! ¡Nada, ¿me oyes?! (*Subiendo el tono.*) ¡Anne, el farol!

Grose   Lo estoy buscando.

               (*Sale a escena la señorita* **Jessel**.)

Jessel   Flora...

Flora   (*Por primera vez asustada.*) ¿Señorita Jessel?

Abigail   ¡Anne, el farol, ya!

Grose   ¡Lo tengo!

               (*Luz de farol.*)

Jessel   Flora, ¿no quieres volver a ver a tus padres?

Flora   ¿A papá y mamá?

               (*Silbido de Peter* **Quint**, *alejándose.*)

Jessel	¿No deseas ir con papá y mamá, que te quieren y te cuidan?
Abigail	¡Cállate!
Flora	¿Mamá y papá? ¿Puedo ir con ellos?
Abigail	¡No la escuches, Flora!
Jessel	¿No quieres ir con las únicas personas que te quieren, con tu familia?
Abigail	¡No la escuches! ¡Es una mentirosa!
Grose	¡Quint está aquí!
	(**Flora** *grita*.)
Jessel	Eres una niña muy mala y muy desobediente...
Abigail	¡Cállate!
Jessel	...por eso nadie te quiere... solo tus padres ¡Así que tienes que ir con ellos! ¿Qué clase de hija no quiere estar con sus padres? (**Flora** *grita*.) Piensa en mí, piensa en mí, Flora, y yo te llevaré con papá y mamá, y con tu hermanita... ¡Aquí nadie te quiere, pero con ellos...!
Abigail	¡Cállate, pesadilla! ¡Cállate! Yo sí las quiero. ¿Me oyes?

Jessel   ¿Tú que dejaste morir a tu hermana, vas a cuidar de estas niñas?

Abigail   Por eso justo, porque murió por mi culpa, porque fui egoísta, ahora comprendo mejor que nadie lo que es el amor, ¡la importancia del amor! ¡El amor nos salva! Y yo las quiero, a las dos, ¡claro que las quiero!, son mis chicas, y las quiero, las quiero, ¡las quiero! Y estoy dispuesta a todo para protegerlas, para salvarlas. ¡Las quiero, ¿me oyes?! ¡Las quiero! ¡Así que jodeos, fantasmas!

Jessel   ¡Piensa en mí, Flora!

Abigail   (*A* **Flora**.) Yo sí te quiero, Flora. ¿Me oyes? Te quiero a ti y quiero a Julia. Y estoy dispuesta a cuidaros siempre. ¡Siempre!

Flora   ¿Me lo juras?

Abigail   Te lo juro.

(*Las dos lloran, abrazadas.*)

Grose   Esto no terminará nunca, ¿verdad, señorita Jessel?

Jessel   Jamás, señorita Grose.

Grose   Nunca vais a dejar en paz a estas niñas.

Quint   Nunca.

(*Silencio. Llantos de* **Abigail** *y* **Flora**.)

Grose (*En un susurro.*) Entonces, entrad en mí. (*Silencio.*) Entra en mí, Peter Quint. ¡Y tú, Clarice Jessel, entra en mí!

Abigail ¿Qué estás haciendo, Anne?

Grose ¡Os lo ordeno! ¡A los dos! ¡Entrad en mí! ¡Os lo ordeno!

Abigail ¡Anne! (**Flora** *grita, tapándose los oídos. El farol cae al suelo. Oscuridad total. Silencio. Luz de farol que sujeta la señorita* **Grose**. *Ríe con el tono de* **Jessel**. *Silba como Peter* **Quint**. *Vuelve a reír. Y empieza a llorar. Se gira hacia* **Flora**, *extendiendo las manos para estrangularla.* **Abigail** *interpone su cuerpo entre ella y* **Flora**.) ¡Anne, por favor!

(**Flora** *grita y llora de nuevo.* **Grose** *se detiene de golpe. Silencio. Silba. El silbido se corta.*)

Grose Has jurado, Abi, cuidarlas...

Abigail Lo he jurado.

Grose ¡¡Adiós, Flora!!

(*Mutis a toda velocidad de la señorita* **Grose**.)

Abigail ¡Anne!

Escena 3.7
Bly Manor. Desván. Luz. Algunos días después.

Abigail *está sola en escena, cuando la luz comienza a hacerse, lentamente.*

Abigail   Anne, mi amiga Anne, corrió hasta el lago y allí se arrojó, llevándose consigo a los fantasmas de la señorita Jessel y de Peter Quint, ahogándolos para siempre en el lago de Bly. Esa misma noche, Julia salió del coma, provocado, sin duda, por su lucha contra el espíritu de Quint. Tras informar al abogado del señor Douglas, me llevé a las chicas a pasar el resto del verano en Roma. Allí, apartadas de toda la oscuridad de Bly Manor, poco a poco, recuperaron la alegría. Tanto Julia como Flora no hablan de lo sucedido. Es como si, gradualmente, todo se hubiese convertido en un mal sueño para ellas. Han pasado los años y yo sigo cuidando de mis chicas. Julia estudia Bellas Artes en Florencia, y Flora, pronto empezará matemáticas en París, y todos los veranos seguimos reuniéndonos las tres en Roma, que se ha convertido en nuestra ciudad. Y, en esos meses en los que estoy separada de mis chicas, nunca, nunca estoy sola... porque, en casa, en la oscuridad, escucho una voz amiga que dice...

Grose   (*Dulcemente.*) Soy Anne, Anne Grose... pero prefiero que me llame señorita Grose...

Abigail   Y sonrío.

(*De golpe se hace un...*)

Oscuro.

Esta primera edición de *Otra vuelta de tuerca*
de Ramón Paso, terminó de imprimirse
en octubre de dos mil veinticinco,
en Madrid.